KB054805

일본군 '위안부'가 된 소녀들

NIHONGUN "IANFU" NI SARETA SHOUJO TACHI
by Itsuko Ishikawa
© 1993, 2013 by Itsuko Ishikawa
Originally published 1993 under the title "JUGUN IANFU" NI SARETA SHOUJO
TACHI,
the revised edition published 2013 by Iwanami Shoten, Publishers, Tokyo.
This Korean language edition published 2014 by Samcheolli Publishing Co., Seoul
by arrangement with the proprietor c/o Iwanami Shoten, Publishers, Tokyo.

일본군 '위안부'가 된 소녀들

지은이 이시카와 이쓰코
옮긴이 손지연
펴낸이 송병섭
펴낸곳 삼천리
등 록 제312-2008-121호
주 소 10578 경기도 고양시 덕양구 오금1로 47 103호
전 화 02) 711-1197
전 송 02) 6008-0436
이메일 bssong45@hanmail.net

1판1쇄 2014년9월 19일
1판5쇄 2019년6월 10일

값 15,000원
ISBN 978-89-94898-29-2 03910
한국어판 ⓒ 손지연 2014

일본군 '위안부,'가 된 소녀들

이시카와 이쓰코 지음 ㅣ 손지연 옮김

삼천리

과거 대일본제국이 만들어 낸 부끄러운 '위안부' 제도. '황군 병사
의 선물'이라는 이름으로, 남자라고는 모르던 어린 소녀들이 그 먹
이가 되었습니다.

납치되었든 감언에 속았든, 일단 일본군이 관리·감시하는 '위안
소'에 내던져지면 일본군만을 위한 성노예가 되어 모든 자유를 빼앗
겼습니다. 피해자들은 일본이 패전한 뒤에도 노년에 이르기까지 고
통스런 생애를 보내야 했습니다. 이제야 겨우 떨쳐 일어나 짓밟힌
존엄을 되찾으려 분투하고 있습니다.

민간 업자가 제멋대로 끌고 간 것일 뿐이라는 일본 정부의 답변
에, "내가 살아 있는 한 그런 소리를 할 수 없다"며 김학순 씨가 실
명을 밝힌 것은 1991년 말의 일입니다. 일본이 패전하고 46년이나
지나서야 자신들의 목소를 냈다는 사실은, 이 국제 범죄의 심각성
을 말해 줍니다.

남성우월주의 사회에서 피해자들은 폄하되어 왔으며, 오히려 피해 사실을 숨기고 살아갈 것을 강요당했던 것입니다. 그런데 한국정신대문제대책협의회를 중심으로 각국의 지원 단체가 움직이기 시작하여 현재, 남한, 북한, 타이완, 중국, 필리핀, 인도네시아, 동티모르, 네덜란드에서 피해자들이 목소리를 내고 있습니다.

　그 실상은 여러 공문서와 피해자들의 피를 토하는 증언, 가해자였던 병사들의 증언을 통해 밝혀졌습니다. 그럼에도 이 모든 것을 어둠 속에 매장시키고 은폐하려는 세력이 유감스럽게도 아직 일본에 판을 치고 있습니다. 최근 재일 한국·조선인, 재일 중국인에 대한 비열한 '헤이트 스피치'hate speech가 아무 거리낌 없이 나타난 것은 부정적인 역사를 은폐하려는 국가의 정책에 중요한 원인이 있습니다.

　유엔의 기관들이 수차례 권고와 제언을 했지만 일본 정부는 일관되게 무시해 오고 있습니다. 교과서 검정을 통해 '위안부'에 관한 기술을 완전히 삭제해 버린 지금, 이 시대를 살아가는 소녀들에게만큼은 진실을 알렸으면 하는 마음에서 이 책을 쓰게 되었습니다. 피해자들과 같은 또래로 그 시대를 살았던 가해국의 소녀였던 책임으로서 말입니다

저의 작은 목소리가 한국 땅에도 가닿게 되어 기쁩니다. 증언을 들려주셨던 피해자들 대부분이 고인이 된 지금, 부디 그분들이 남긴 뜻을 한국의 젊은 세대도 이어받기를 바랍니다. 전쟁은 악惡을 낳으며, 인간의 존엄에 끝없이 상처를 낸다는 점을 마음 깊이 새기면서……

2014년 7월 31일
이시카와 이쓰코

《'종군 위안부'가 된 소녀들》従軍慰安婦にされた少女たち을 출간하고 20년이 흐른 지금, 새로운 일도 많이 일어났고 새로 알게 된 사실도 많습니다.

그러한 일들을 포함해 새로운 증언들을 추가로 보완했습니다. '종군 위안부'라는 제목에서 '종군'은 자칫 피해자들이 자발적으로 군에 따라간 것처럼 생각되기 쉬우므로, 이번에 일본군 '위안부'로 바꾸었습니다. 본문에도 나오겠지만 '위안부' 제도는 일본 국가(군부)가 만들고 군인과 군속들이 이용한, 글자 그대로 '성노예 제도'이기 때문입니다. 정정·보완한 부분에 대해서는 니시노 루미코, 이케다 에리코, 와타나베 미나, 야마구치 도모코, 가와미 기미코 씨 외에 '여성들의전쟁과평화자료관' 여러분들께 많은 신세를 졌습니다. 이 자리를 빌려 고맙다는 말씀을 드립니다.

이제 생존해 계신 분들은 얼마 되지 않습니다. 생각해 보면 '가니타 여성마을'의 시로타 스즈코 씨의 제안으로 나무 비석이 세워진

지도 어언 30년 가까이 흘렀습니다.

한창 이 책을 집필하고 있던 2013년 9월에 완아이화 할머니도 돌아가셨습니다. 8월 말 병문안을 갔던 지원 단체 '산시성, 진실을 밝히는 모임' 사람들에게, 나지막한 목소리로 "포기하지 말고 결과가 나올 때까지" 끝까지 노력해 달라는 유언을 남겼다고 합니다.

이제 정말 시간이 얼마 남지 않았습니다. 한시라도 빨리, 일본 정부는 마음속에서 우러나오는 사죄와 보상을 하기 바랍니다.

2013년 9월 18일

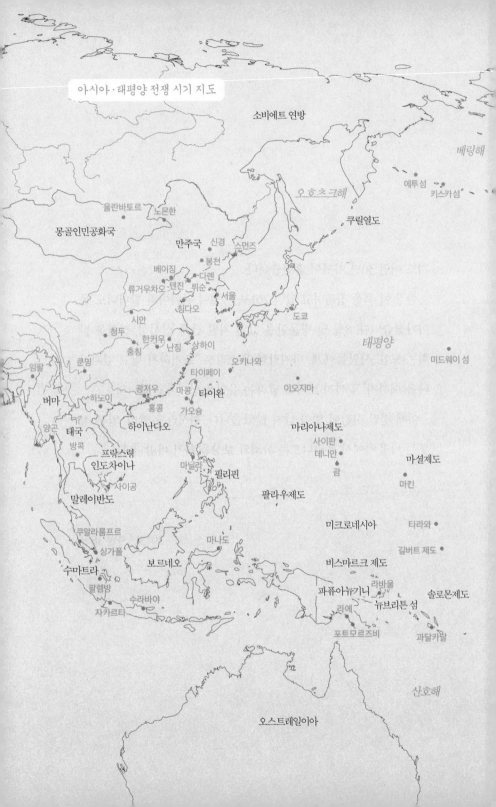

아시아·태평양 전쟁 시기 지도

차례

1

동갑내기 소녀들에게 일어난 일

남쪽 팔라우제도에서 시로타 씨와 함께하다 죽어 간 조선인 소녀들이
밤마다 꿈에 나타나 "돌아가고 싶어요. 병사들을 죽여 버리고 싶어요!" 하며
울부짖는 통에 너무 괴롭다는 얘기였어요.
그래서 지옥 같은 그곳에서 아직도 고통 받고 있을
조선인 여성들의 혼을 어떻게든 달래 주고 싶다고 생각하게 되었죠.
그렇게 해서 세워진 게 바로 이 비석이에요.

유미야 잘 지내고 있니?

그곳 생활은 어때? 새로운 학교에는 잘 적응하고 있는지? 이곳은 유미가 없어서 그런지 쓸쓸해. 앞으로 자주 소식 전할게.

요즘 내 생활을 적어 보려고 해. 실은 얼마 전에 '가니타 여성마을' かにた婦人の村이라는 곳에 다녀왔어. 아마 유미도 들어 본 적 없을 거야. 나도 처음 들었거든.

이웃에 사시는 가와세 씨라고 아마 유미도 알걸? 전쟁 이야기라면 끔찍이 싫어하시고 할머니라고 부르면 정색하시던 분 말이야. 마침 시간도 있고 해서 아사코朝子 언니와 함께 가와세 씨를 따라나섰어. 다들 아주머니들뿐이어서 아사코 언니랑 차안에서 수다라도 떨 요량이었지. '가니타 여성마을'이라는 곳은 지바 현 다테야마舘山에 자리하고 있는데, 바닷바람이 정말 상쾌한 곳이더라. 새들도 끊임없이 지저귀고 말이야.

이곳은 주로 할머니들이 거주하고 계셔. 커다란 가마에서 그릇이나 꽃병을 만들고, 빵을 굽거나 젖소를 키우시면서 놀고 있는 땅을 빌려 벼농사까지 지으시더구나. 정말 자상한 분들이셨어. 아사코 언니와 내게 여러 가지 신경 써 주시고 막 캐낸 감자도 쪄 주셨단다. 동글동글 자그마한 게 정말 맛있었어.

그런데 이분들이 글쎄, 나도 정말 놀랐는데 예전에 매춘을 하셨다고 하더라고. 그래서 '매춘'이라는 말을 정확하게 몰라 사전에서 찾아봤어. "돈을 벌기 위해 여성이 남성과 성관계 하는 일"이라고 쓰여 있더라구. 단어의 뜻을 확인하고 나니 뭔가 잘못됐다는 생각이 들었어. 이곳에서 발간하는 《가니타 편지》かにた便り이라는 소식지가 있는데, 그 안에도 이곳 할머니들을 사회 복귀가 어려운 "몸도 마음도 망가진 사람들"이라고 설명하고 있더구나. 모르긴 해도 사람을 의심할 줄 모르고 순박한 이 분들을 감언으로 속여 팔아넘긴 자들이 있었을 거라는 확신이 들었어. 그래도 지금은 온화한 덴바 원장님과 직원들의 따뜻한 보살핌 속에서 빵도 굽고 옷감도 짜며 잘 지내고 계시니 정말 다행이야.

이곳 가니타 마을에 대해 한 가지 더 알려 줄게 있어. 후미진 언덕 꼭대기에 잘 꾸며진 돌 비석이 세워져 있는데 그곳에 가와세 씨의 안내를 받아 가게 되었어. 다른 아주머니들과 함께 꽃다발을 들고 말이야. 다테야마 만의 절경이 한눈에 들어오는 멋진 곳에 있었어. 청명한 푸른빛을 띤 것이 과연 '거울해변'鏡々浦이라는 별칭이 붙을 만한 아름다운 곳이더구나.

하늘을 향해 뾰족하게 솟아 있는 비석에는 '아! 종군 위안부'라는 문구가 새겨져 있는데, 가슴이 답답할 때 흘러나오는 '아!'라는 탄식이 무척 인상적이었어.

그때 "여러분들도 헌화하시죠" 하며 가와세 씨가 터키산 질경이 꽃을 건네주셨어. 그런데 왜 꽃을 바치는지 이유를 몰랐어. 창피함을 무릅쓰고 가와세 씨에게 물어보았더니,

"아, 모르나요?" 하시며 잠시 당황해 하시더니,

"과거에 일본이 중국이나 동남아시아 여러 나라의 자원을 빼앗기 위해 전쟁을 일으켰잖아요. 그때 일본군이 일본인 병사들을 위해 '위안소'慰安所라는 것을 만들었어요. 주로 조선에서 데려온 소녀들이나 현지 여성들을 그들의 성적 욕구의 대상으로 삼았죠. 여성들 대부분은 공장에서 일하게 해준다고 속이거나 집에 침입해 강제로 끌고 나온 거랍니다."

처음 듣는 이야기였어. 유미 너는 알고 있었니?

나는 다시 용기를 내어 "그런데 다른 나라 전쟁에 끌려간 사람들의 비석이 왜 여기 다테야마에 있는 거죠?" 하고 질문하니,

"그건 이곳 가니타 여성마을에 계시는 시로타 스즈코城田すず子라는 분의 뜻이었어요. 시로타 씨는 원래 도쿄에서 큰 제과점을 하던 집안의 딸이었는데, 가계가 기울면서 사창가로 팔려 가게 되었지요. 어찌어찌해서 태평양전쟁 말기에 남쪽 섬나라까지 흘러갔고, 결국 일본군 '위안부'가 되었어요. 여러 차례 죽을 고비를 넘기며 간신히

살아남아 일본으로 다시 돌아오게 되었지만, 그 후로도 크고 작은 풍파를 겪으며 우여곡절 끝에 기독교 관련 민간 재활시설에 정착하게 되었어요. 시로타 씨는 자신뿐 아니라 같은 경험을 한 여성들이 함께 모여 평생을 안심하고 살았으면 하는 바람을 갖게 되었어요. 그 염원이 마침내 '가니타 여성마을'에서 이루어진 것이죠. 이곳 생활에 잘 적응하는가 싶었는데, 시로타 씨가 어느 날부터 밤잠을 이루지 못하겠다며 당시 원장이던 후카쓰 목사님께 호소하셨죠. 남쪽 팔라우제도에서 시로타 씨와 함께하다 죽어 간 조선인 소녀들이 밤마다 꿈에 나타나 "돌아가고 싶어요. 병사들을 죽여 버리고 싶어요!" 하며 울부짖는 통에 너무 괴롭다는 얘기였어요. 그래서 지옥 같은 그곳에서 아직도 고통 받고 있을 조선인 여성들의 혼을 어떻게든 달래 주고 싶다고 생각하게 되었죠. 그렇게 해서 세워진 게 바로 이 비석이에요. 처음 세워질 때는 초라한 나무로 된 비석이었는데, 이렇게 새롭게 단장한 비석은 나도 오늘 처음 보네요."

그때 한 아주머니가 "아사코가 올해 몇 살이지?" 하고 물으셨어.

아사코 언니는 열여섯, 나는 열네 살이라고 대답했더니, "너희들 또래에 '위안부'가 된 분들도 있단다. 팔라우 섬에서는 죽으면 정글에 버려져 들개나 야생 짐승들의 먹이가 되기도 했지."

믿을 수 없는 이야기였어. 그래서 우리는 진심을 담아 비석 앞에 꽃을 바쳤어. 우리 또래라면 아직 앞날이 창창한데, 그토록 험한 일을 당하고 비참한 최후를 맞았다니 말이야.

할 말은 많지만 나중으로 미루고 오늘은 이만 쓸게.

— 아키가

✕

아키가 보낸 편지를 읽고 정말 놀랐어.

나도 전학이 결정되고 나서 비록 짝사랑이긴 하지만 고가古賀랑 이대로 헤어지는구나 하는 생각에 너무 슬펐어. 팔라우 섬에 끌려 갔던 우리 또래 여자아이들에게도 좋아하는 사람이 있었겠지? 만약 좋아하는 사람이 있었다면, 그리고 갑자기 헤어져 머나먼 섬으로 끌려가 병사들에게 강간당하고 비참하게 죽는다면, 만약 그런 일을 내가 당한다면 난 죽어서도 눈을 감을 수 없을 것 같아.

나도 시간이 되면 그곳에 가서 헌화하고 싶어.

— 유미가

✿

유미가 고가를 정말 좋아했던 모양이구나. 지금이라도 고가에게 편지를 보내 보는 건 어떨까? 만약 답장이 오지 않으면 그걸로 깨끗하게 포기 하면 되잖아.

참 얼마 전에 가와세 씨가 "아키코 읽어 볼래?" 하시며 글 한 편을 주셨어. 자신이 일본군 '위안부'였다는 사실을 온 세상 사람들에게 처음 고백한 한국인 김학순이라는 분이 일본에 오셔서 증언하셨는데, 그 감상을 기록하신 거래.

김학순 할머니는 그 자리에서, "일본 정부가 위안부는 민간 업자가 마음대로 끌고 다닌 것이니 군과는 관계가 없다고 하는데, 이것은 용서할 수 없는 일입니다. 내가 살아 있는 한 다시는 그러한 소리가 나오지 못하도록 할 겁니다" 하고 이름을 밝히시며 일본에 와서 증언하셨다고 해. 그 증언을 듣고 쓴 감상문이라고 해. 한 부 복사해서 보내 줄 테니 한번 읽어 봐.

참 그리고 가와세 씨에게 유미도 헌화하고 싶다고 말했다고 하니 무척 기뻐하셨어. 같은 또래 일본인 여자 친구가 꽃을 바친다면 억울하게 죽어 간 영혼들에게 큰 위로가 될 거라면서 말이야.

그럼 다음에 또 쓸게.

— 아키가

'진실을 전하고 싶어서' 김학순 씨의 이야기

• 가와세 마키코의 감상

"어째서 일본 정부는 그토록 전쟁을 좋아하는 걸까요? 이번에도 와 보니 해외에 군대를 파견한다고 하더군요. 난 군인을 보는 것만 으로 온몸이 떨려요. '히노마루'日の丸를 보면 나도 모르게 가슴이 떨려요. 일본에 올 때 비행기를 탔는데, 마침 좌석이 날개 쪽이어서 날개에 새겨진 새빨간 히노마루를 보게 되었어요. 보는 것만으로도 몸이 떨렸습니다. 내 적은 일본이며, 내 여성(성)을 버리게 한 것도 일본인데, 내가 왜 그 일본 국적 비행기를 타고 일본으로 가야하는 지 생각하면서 여기까지 왔습니다. 그러니 부탁드립니다. 어떻게든 더 이상 전쟁은 멈춰 주세요. 그리고 과거에 있었던 일은 있는 그대 로 분명하게 밝혀 주세요."

1991년 12월 9일 도쿄 스이도바시水道橋에 있는 YMCA 아시아청 소년센터에 몰려든 청중 450여 명 앞에서 진행된 김학순 씨의 증언 은 그렇게 마무리되었다. 김학순 씨는 한해 전인 1990년 6월 "종군 위안부는 민간인 업자가 데리고 온 사람들이고, 국가와 관련이 없 다"고 발언한 일본 정부에 분노하며, "내가 살아 있는 한 그런 말은 하지 못할 것"이라며 자신의 이름을 밝힌 분이다.

히노마루를 보는 것만으로도 몸이 떨린다고 하는 김학순 씨는

'리버티 오사카'リバティおおさか라는 단체의 초청으로 일본을 방문해, 그간 겪어 온 일들을 냉철하고 의연하게 고발했다.

김학순(1922~1997) 씨는 1924년 중국 동북부 지린 성吉林省에서 태어났다. 어머니는 열다섯 살 때 결혼하여 일본인들과 섞여 중국으로 이주했지만, 학순 씨가 태어나자마자 남편이 사망하는 바람에 친정인 평양으로 가서 터를 잡고 힘들게 생활하게 된다.

학비가 무료인 교회에 4년 정도 다녔는데, 그 시절이 가장 좋았다고 한다. 그러나 어머니의 재혼으로 기생을 양성하는 집 양녀로 보내지게 된다. 그곳에서 학교를 마치고 열일곱 살이 되던 해에 일자리를 구하기 위해 친구와 함께 양아버지를 따라 중국 베이징으로 나선다. 일본군은 식사 중이던 김학순 씨 일행을 일으켜 세우고는 "돈 벌러 왔나? 스파이 아니야?" 하며 양아버지를 붙잡아 갔고, 김학순 씨와 그 친구는 다른 군인이 끌고 갔다고 한다. 군인 40~50명 타고 있는 지붕 없는 트럭에 태워졌는데, 타고 가는 내내 두려움으로 친구와 함께 몸을 웅크리고 앉아 울었다고 한다. 뒤로는 같은 트럭 한 대가 더 따라오고 있었고, 총소리가 나면 모두 차에서 내려 트럭 아래에 몸을 숨겼다.

얼마를 달렸을까, 주위가 어두컴컴해지고 나서야 어느 빈 집에 도착했다. 중국인이 도망가고 비어 있던 집인 듯했다. 그 집에서 군복을 입은 장교한테 김학순 씨는 두 차례에 걸쳐 강간을 당했다.

"저항하려 했지만 다른 방으로 끌려갔어요. 천 조각으로 칸막이를 친 방이었죠. 아무것도 없는 그 방에서 (장교는) '옷 벗어!' 하고 명령했습니다……."

이 대목에서 김학순 씨는 말을 멈추고 길게 침묵했다. 이윽고 고개를 푹 숙이고 경청하고 있던 내 귀에 다시 이야기 소리가 들려 왔다.

"수치스러워서 이런 말까지 안 하려 했습니다. 하지만 있는 그대로를 알리고 싶어서……. 이 이야기를 하자니 가슴이 저려 옵니다. '옷 벗어!' 하고 말했다고 어떻게 벗을 수 있겠습니까? 장교는 덮쳐 오더니 옷을 찢었습니다. 그리고 …… 그때의 일을 어떻게 말해야 할지 모르겠습니다. 여자의 몸으로 처음 겪은 일이라……, 그 고통은 정말이지 말로 다 표현할 수 없습니다. 그 장교에게 몸이 더럽혀져 내가 더 이상 처녀가 아니라고 생각하니 슬프고 분해서……."

옆방에 있던 친구도 다른 장교에게 강간당했다. 새벽이 되어서야 장교가 방을 나갔고, 친구는 "이런 곳에서 어떻게 살아? 우리 죽자" 하며 매달렸다. 하지만 학순 씨는 "말은 그리 해도 죽는 게 어디 말처럼 쉬운 일이겠냐" 하며 친구를 다독였다고 한다.

날이 밝자 다른 방에 조선인 여성 세 명이 더 있다는 사실을 알게 되었다. 스물두 살 시즈에, 열아홉 살 사다코, 미야코라는 이름의 여성들이었다. 그곳에서 짐승 같은 대접을 받으며 지냈다. 주는 대로 받아먹고 주는 대로 입어야 했다. 밖에 외출이라도 하려면 군복을 입어야 했고, 방에서는 속옷만 입은 상태로 지내야 했으며, 조금이라도 반항하면 폭력이 날아들었다. "전투에서 돌아오면 군인들을 열 명이고 스무 명이고 상대해야 했습니다. 그 고통을 말로는 다 표현하지 못해요."

그렇게 넉 달이 흘렀을 무렵, 학순 씨는 부대 밖에서 우연히 만난 한 조선인 상인의 도움으로 탈출하게 된다. 그 뒤로 중국 각지를 전전하며 도망 다니던 중 아이를 낳고 상하이에서 해방을 맞게 되었다. 고통은 여기서 끝나지 않았다. 증언회장에서 청중 몇 사람이 질문을 했는데, 그 가운데 가장 인상에 남아 있는 것은 다음과 같은 김학순 씨의 답변이다.

"(이곳에) 올 때 비행기 안에서 가슴 아팠는데, 다다미방을 보고 또 다시 가슴이 찢어지는 것 같았습니다. 50년 전에 보았던 다다미방과 같았기 때문입니다."

일본식 방에는 반드시 깔려 있는 다다미. 그 다다미방에서 평생 잊을 수 없는 굴욕의 기억을 갖고 살아가는 이웃나라의 여성들이 있는 것이다. 그리고 같은 여성이면서, 다른 한편으로는 몹쓸 짓을 한 장교들과 같은 민족인 나로서는, 김학순 씨의 이야기를 듣기 전까지 다다미를 그런 눈으로 보는 사람이 있으리라고는 꿈에도 생각지 못한 일이다.

나는 패전 무렵 열두 살이었다. 병약한 어머니와 나가노 현 가미스와上諏訪에 피난 가 있었다. 내가 만약 이웃나라에 태어났다면 무사할 수 있었을까?

당시 천황의 군대 이른바 '황군'皇軍에 의해 김학순 씨처럼 '위안부'가 된 여성들 대다수는 조선인이었다고 한다. 해협 하나를 사이에 둔 가까운 이웃나라 '일본'의 식민지가 되어 인생을 송두리째 짓밟혀 버린 여성들이 한둘이 아니라는 사실을, 나는 센다 가코千田夏光 (1924~2000, 르포 작가, 저널리스트 – 옮긴이)와 김일면金一勉 (1921~, 재일조선인 작가, 역사가 – 옮긴이) 씨의 책을 통해 알게 되었다. 이분들의 책을 읽고, 이 방면에 전혀 무관심했던 나 자신을 되돌아보게 되었다.

김학순 씨의 증언이 시작되기 전에 먼저 한국정신대문제대책협의회('정대협'으로 줄임) 간사 김혜원 씨가 발언했다.

"김학순 씨는 일본인에게 구세주 같은 존재입니다. 사람이 사람답게 살 수 있도록 과거를 솔직하게 사죄하고, 진정한 우호가 시작되기를 염원하는 마음으로 자신의 치부를 드러내기 위해 오늘 이 자리에 섰습니다."

나는 얼마 전 정대협 공동대표인 윤정옥 교수의 강연도 들었다. 강연에서 윤 교수는 남성이 여성의 인격을 존중하지 않고 파괴하는 것은 남성의 인격이 이미 파괴되었기 때문이며, 또한 일본인 여성은 한국인에게는 가해자이지만 여성이라는 점에서는 피해자라고 지적했다. 상당히 인상적인 말이었다. 요컨대 천황을 위해 기쁘게 죽을 수 있는 천황의 '적자'赤子(백성)를 낳는 '적자 생산기'赤子生産器로 전락한 일본 여성들도 마찬가지로 피해자이기 때문에, "(한국과 일본) 양국 여성들은 역사의 새로운 장을 여는 데에 필요한 경험을 갖고 있습니다"라고 발언했다.

윤정옥 교수, 김혜원 씨 같은 분들의 든든한 지원과 명석한 역사관이 김학순 씨로 하여금 이름을 밝힐 수 있는 용기를 주었을 것이다. 일본 여성인 나는 한없이 부끄러운 마음으로 스스로를 되돌아보게 되었다.

보내 준 가와세 마키코 씨의 글 잘 읽었어. 고마워. 김학순 할머니의 용기 있는 행동에 감동했어. 자신의 치부를 세상에 알리는 것이 결코 쉬운 일은 아니었을 텐데. 처음 고백하는 건데, 나도 여자로서 수치심을 느낀 적이 있어. 초등학교 2학년 때 일인데, 학교를 마치고 집으로 돌아가는 길에 짓궂은 남자아이들이 나를 둘러싸고 바지를 강제로 벗기려는 거야. 필사적으로 저항했지만 남자애들의 힘을 이

길 수 없었어. 정말 수치스럽고 증오스러웠지만, 남자애들이 소문이라도 낼까봐 그 걱정이 앞섰어. 그 일이 있은 후, 나는 부모님께도 친구들에게도 고민을 털어 놓지 못하고 고개만 푹 숙이고 다녔지. '칠칠치 못한 아이'라는 꼬리표가 붙을 것 같아 두려웠기 때문이야.

이제껏 잊고 살았는데, 가와세 씨 글을 읽고 깨닫게 되었어. 부끄러워해야 할 사람은 내가 아니라 바로 그 남자애들이었다는 것을 말이야. 쓰다 보니 이야기가 이상한 방향으로 흘러 버렸네.

— 유미가

유미의 편지를 받고 나도 많은 생각을 하게 되었어. 그리고 전에 없던 용기를 내었지. 실은 이번 학기부터 국어를 가르치는 하마다 선생님이 여자아이들을 상대로 자꾸 성희롱을 하는 거야. 한자 받아쓰기를 시키고는, 교실을 돌며 글자를 고쳐 주는 척 하면서 가슴을 만지는 거야. 나는 크게 당하진 않았는데, 내 친구 마유미는 꽤 오래전부터 당해 온 것 같아. 마유미의 어깨에 손을 올리고는 "이 부분이 틀렸네" 하며 한자를 고쳐 주는 것처럼 하고는 가슴을 슬쩍 슬쩍 만지는 거야. 내성적인 마유미는 아무 말도 하지 못했지만 온몸에 소름이 돋았다고 해. 나중에 여자애들끼리 모여서 이야기를 해보니까, 그렇게 당한 아이들이 상당히 많더라고. 모두들 불쾌감을 느꼈지만 성적에 영향이라도 있을까봐 말하지 못했던 것 같아.

수업이 끝나면 나를 포함해 후미코文子, 미에美枝가 2학년 5반을 대표해서 선생님께 드릴 건의서를 쓰기로 했어. 작성된 건의서를 선생님께 드렸더니, 그 자리에서 읽어 보시고는 험악한 표정으로 우리를 노려보시는 거야. 물론 우리도 질세라 선생님을 노려보았지. 그랬더니 선생님이 우리 시선을 피하면서 그건 오해라고 발뺌하는 거야. 그다음부터 우리 5반에서 하마다 선생님의 성희롱은 사라졌어. 우리가 해낸 거야!

같이 보내는 글은 고등학교 소그룹 연구모임 '여성사연구회'おんな史研究会에서 아사코 언니가 발표한 내용인데, 한번 읽어 보렴.

— 아키가

한시도 잊을 수 없었던 사람
• 미네 아사코의 르포

'가니타 여성마을'이라는 곳에 시로타 스즈코라는 분이 계십니다. 이 분의 제안으로 1985년 8월 15일 마을 언덕에 '진혼비'鎭魂之碑라고 새긴 나무 비석을 세웠다고 합니다. 시로타 씨는 남쪽 팔라우

제도에 일본군 '위안부'로 동원되었는데, 거기서 살아 돌아온 후 끊임없는 고통에 시달렸다고 합니다. 고통스럽다고 울부짖는 소리, 집으로 돌아가고 싶다고 울부짖는 소리, 군인들을 죽여 버리고 싶다고 울부짖는 조선인 소녀들이 꿈에 나타나 잠을 이룰 수 없어 후카쓰 목사님께 숨겨 온 사실을 고백하고 도움을 요청했다고 합니다.

이곳에 계신 분들은 '매춘방지법'賣春防止法, 1958이 제정되면서 더 이상 '위안부' 노릇을 하지 않았지만, 사회로 복귀하기는 어려웠습니다. 직접 만나 보니, 정말 소녀처럼 마음이 순수한 분들이었습니다. 그런데 시로타 씨가 단순히 유곽의 창기(공인된 매춘부)가 아니라 '위안부'라는 사실을 오래도록 숨기고 있었던 걸 보면 '위안부'가 얼마나 경멸의 대상이었는지 잘 알 수 있을 것입니다.

시로타 씨는 자신의 일생을 담아 《마리아의 찬가》(1985)라는 책을 펴내기도 했습니다.

이 책에는 시로타 씨가 어떻게 '위안부'가 되었는지 잘 나와 있습니다. 시로타 씨는 도쿄 후카카와 모리시타森下에서 제과점을 운영하는 부모님 밑에서 유복하게 자랐습니다. 그런데 여학교 1학년 때 어머니가 돌아가시면서 가세가 기울기 시작했습니다. 사람 좋던 아버지는 가게를 담보로 친척들 보증을 서 주었고, 곧 빚더미에 앉게 되었습니다. 재산을 모두 날려 버린 거죠. 거기다 아버지는 경마에 빠져 딸마저 유곽에 팔아 넘겼습니다. 그 딸이 바로 시로타 씨입니다. 그 후로 아버지는 이 딸에게 종종 돈을 빌리러 왔고 시로타 씨의 빚도 점차 불어 갔습니다. 그래도 시로타 씨는 손님이 주는 팁을 모아 동생들 주라며 아버지에게 돈을 맡기곤 했습니다.

결국 이렇게 해서 불어난 빚을 갚기 위해 어쩔 수 없이 일본 식민지인 타이완의 유곽으로 떠나게 됩니다. 그때 나이 열일곱 살이었습니다. "이렇게 어린 아이를 데려오면 어떡해"라는 소리를 들었지만, 시로타 씨는 그 뒤 일본의 식민지 타이완의 마콩馬公이라는 곳으로 갔다. '해군 전용'이라는 간판을 내건 20여 개소 유곽 가운데 '도키와로常盤楼'라는 곳에서 일하게 됩니다.

이곳에 도착한 이튿날 주인과 함께 마콩 시청에서 창기 허가증의 일종인 '감찰'鑑札을 받았다고 합니다. "부모님의 승낙서와 호적등본을 지참하고 감찰이 발부되면서부터 이름 그대로 노예 생활이 시작되었습니다"라고 시로타 씨는 기록하고 있습니다.

감찰을 받기 전에 해군에게 성병을 옮기지는 않을지 질 검사를 받았습니다. 이 모든 게 처음이었던 시로타 씨는 다리가 후들거렸습니다.

마콩 유곽에서의 생활은 "평일에는 숙박하는 병사 한 명 정도만 상대하면 되었지만, 토요일이나 일요일이 되면 병사들이 줄을 늘어서 마치 경쟁이라도 하듯 놀려고 했습니다. 이곳은 정말이지 인정이나 감정이라고는 전혀 끼어들 여지가 없이 오로지 욕망만이 존재하는 곳이었습니다. 여성 한 명에게 10명이고 15명이고 들러붙는 모습은, 마치 들짐승들의 싸움을 방불케 했습니다." 외출이라도 하려면 먼저 주인에게 도장이 찍힌 외출 허가증을 받아야 합니다. 그것을 파출소로 가져가면 감찰을 건네줍니다. 그리고 외출을 마치고 돌아오면 파출소에 들러 감찰을 반납해야 합니다. 감찰이 없으면 외출도 할 수 없었습니다. 성노예가 된 소녀는 주인과 경찰한테 철저히 감시당하고 있었던 것입니다.

전쟁이 격화됨에 따라 시로타 씨는 사이판 섬으로, 다시 트럭을 타고 팔라우 섬까지 흘러가게 됩니다. 배에는 남양청 공무원을 비롯해 '해군특별위안대海軍特別慰安隊'라는 이름으로 끌려온 소녀들 스무 명 정도가 타고 있었습니다. 배 주위에는 구축함이 포위하여 감시하고 있었습니다. 배에 탄 소녀들 대부분은 조선인과 오키나와인이었고, 일본 본토 출신은 시로타 씨 하나였다고 합니다.

마침내 도착한 팔라우에는, "야자나무와 암페라(짚으로 만든 거적 ─ 옮긴이)가 쌓여 있고, 강물이 흐르는 곳에 위안소가 자리 잡고 있었어요. 정말 비참했죠. 그곳 부대원들은 말이 해병이지 피골이 상접할 정도로 굶주려 있었어요. 그런 와중에도 병사들은 여자들이 있는 곳을 찾아 들었어요. 그런 해골이 덮친다고 생각해 보세요. 정말 끔찍했죠. 그래서 자살한 여성들도 많았어요. 그런데 죽어도 묻을 만한 곳이 없었어요. 시체를 밖에 내던져 놓으면 밤에 들개라

든가 본 적도 없는 동물들이 와서 물어뜯었는지, 아침에 일어나 보면 뼈만 남아 흩어져 있었어요"라고 시로타 씨는 증언합니다.(《돌멩이의 외침》TBS 라디오)

폭격이 계속되던 어느 날 여자들이 피난해 있던 방공호에 작은 폭탄이 떨어져, 입구가 막혀 산 채로 매장될 위기에 처했습니다. 그때 세 명이 즉사하고 시로타 씨와 몇몇은 부상을 당했으나 무사했습니다. 연기가 피어오르면 공격의 표적이 되기에 불도 피우지 못하고 동굴 안에 숨어 서너 달을 보냈습니다. 동굴 위쪽은 육군 고사포 진지였는데, 폭격으로 그야말로 산산조각이 났습니다. 폭격이 끝나고 밖으로 나와 보니 산의 형태가 완전히 바뀌어 버렸다고 합니다. 그곳에 머물던 부대원 40~50명은 한 사람 빼고 모두 사지가 갈기갈기 찢겼다고 합니다.

일본의 패전으로 전쟁이 끝나면서, 시로타 씨는 가까스로 그 섬에서 빠져나올 수 있었습니다. 그 후 시로타 씨는 자포자기 상태에서 일본 각지를 돌며 점령군을 상대로 매춘을 하고 각성제인 필로폰을 맞거나 도박을 하며 피폐한 생활을 보냈다고 합니다. 이미 몸도 마음도 너덜너덜해졌습니다.

그러던 어느 날 역 매점에서 산 주간지를 펼쳐 보고 아카센(赤線, 매춘금지법 시행 전까지 매춘이 허락된 지역) 출신 여성에게 재활의 길을 열어 주는 '자애료'慈愛療라는 재활 시설이 있다는 것을 알게 됩니다. 시로타 씨는 "아, 이곳에 가면 괜찮은 일을 할 수 있도록 교육해 주겠구나" 생각하고 화려한 옷차림 그대로 그곳을 찾았습니다. 그리고 자애료에 들어간 이튿날 아침 예배당에 안내되어 "나의 죄를 씻어 눈처럼 하얗게 해주시옵소서" 하고 찬송가를 부르며 펑펑 울었다고 합니다.

그곳에서 시로타 씨는 일을 배우기 위해 필사적으로 노력했지만, 몸에 하나둘 이상이 생기기 시작했습니다. 아랫배가 아프고 온몸이 나른하며 구토 증세가 났습니다. 남자들의 성 노리개가 되었던 한 여성의 몸은 엉망이 되어 버린 것입니다. 현재 시로타 씨는 매독 후유증으로 하반신이 마비되어 휠체어 생활을 하고 있습니다.

그런 시로타 씨의 부탁으로 세워진 진혼비는 한 해 뒤 각처에서 모인 성금 덕분에 웅장한 돌 비석으로 재탄생하였습니다. '아! 종군 위안부'라는 문구도 새겨 넣었습니다. 요전에 나도 가와세 씨와 함께 그곳에 참배하고 왔습니다.

일본에는 잘 알려져 있지 않지만, 한국은 방송국에서 취재도 오는 등 관심을 보였다고 합니다. 이 진혼비에 대한 이야기를 신문에서 읽은 김문숙 씨는 《조선인 군대 위안부》(1992)라는 책을 일본어로 출간하기도 했습니다. 김문숙 씨는 '가니타 여성마을'에 비석이 세워졌다는 신문기사를 보고 마음에 불길이 일어, 바로 일본행 비행기에 올랐다고 합니다. '다테야마 기니타'(가니타를 잘못 적어 왔다고 합니다)라는 지명만 가지고 저녁 무렵에야 겨우 도착했다고 합니다. "멀리 태평양이 내려다 보였다. 뒤늦게나마 진혼비가 세워져 그녀들의 영혼을 달랠 수 있어 다행이다. 그리고 양심 있는 일본인들의 작은 사죄라고 생각한다"는 소감을 밝히기도 했습니다.

또한 시인 장정임 씨는 시로타 씨에게 이런 시를 헌정했습니다.

나무 진혼비

1985년 8월 15일
일본 지바 현 가니타 부인 마을에
초라한 나무비 하나 섰습니다

찢어진 조선옷 입고
밤마다 서럽게 우는 귀신이 있어
일본인 위안부 시로다는
밤마다 함께 울다 병이 깊었답니다

오십년 추위와 배고픔
편히 속계를 떠나지 못하고
구천을 헤매는 귀신이 가여워

나무 위령비라도 하나

세워 달라 소원했답니다

석양에 몇몇 청년이 지고 오른

나무 비에는

어떤 위로의 말조차 나오지 않아

'아! 종군 위안부'라고

비명을 새긴 그 눈물로

원혼들 이제 그만 잠들었을까요

긴긴 세월 지나도록

제삿밥 한 그릇 못 차린

조선여자 여럿 울었답니다

제 나라 사람 다 잊을 때도

영영 잊지 못한 그는

함께 겪은 그 사람뿐

　　　　　　— 장정임, 《그대 조선의 십자가여》(푸른숲, 1992) 가운데

　장정임 씨의 시를 읽고 마음과 마음은 서로 통한다는 생각을 하
게 되었습니다.

답장이 늦어 미안해. 새로 전학 온 학교에 적응하느라고 조금 바빴어.

이 학교에는 다행히 하마다 선생님 같은 사람은 없지만, 왠지 모르게 학생들을 노예처럼 부린다는 생각이 들어. 상명하복이라고나 할까. 선생님이 명령하면 무조건 복종하는 관계말이야. 학생들끼리 서로 소통할 수 있는 기회도 적은 것 같아. 그래도 노리코라는 친한 친구가 생겼어. 노리코는 자신만의 세계를 가진 생각이 깊은 아이야.

노리코 어머니는 제3세계 사람들이 제작한 물건을 취급하는 가게를 하신대. 노리코 어머니 가게에서 우연히 〈침묵의 한〉沈黙の恨이라는 제목이 붙은 비디오를 보게 되었어. 그런데 그 비디오 안에 글쎄 시로타 씨가 나오는 게 아니겠어? 휠체어를 탄 모습으로 말이야. 글에서 봤을 땐 왠지 빼빼 마르고 어두운 인상일거라 상상했는데, 비디오에 비친 모습은 정반대였어. 단발머리에 포동포동하고 밝은 모습이었어.

"치마저고리를 입고 있었고, 어린 여자아이도 있었죠. 야자나무 잎을 엮어 만든 침대에 엉성한 칸막이가 쳐져 있었어요. 씻을 틈도 없었어요. 세면대에 물을 길어 놓고 대충 끼얹어야 했죠. 하루에

30~40명이나 되는 병사들이 길게 늘어서 있으니까요. 더 이상 몸이 견디지 못하게 되었죠"라고 한국 여자 아나운서의 인터뷰에 답하는 장면이었어.

그 밖에 오키나와, 하코다테, 오타루 등지를 취재한 내용이 나왔는데, 그 가운데 말레이시아 출신, 지금은 중국인과 결혼한 '유유타'라는 일본군 '위안부' 여성이 등장해서는,

"그때는 그냥 죽지 못해서 살았던 거예요. 고통을 감내하며"라고 말했어. 인상적이었어.

유유타 씨는 이미 결혼한 몸인데도 연행해 갔대. 평소와 다름없이 우물에 물을 길러 가는 길에 일본 순사 너댓 명이 "잠깐만" 하며 불러 세웠대. 놀라서 물동이를 떨어뜨렸어. 그만 순사 옷에 물이 튀어서 죄송하다고 말했지만 때리면서 그대로 싱가포르의 '위안소'로 보내졌다는 거야. 어떻게 그런 일이 있을 수 있지? 그 뒤로 말레이시아와 베트남 등지를 전전하며 겪은 고통은 "말로는 도무지 표현할 수가 없다"고 하셨어.

그리고 한국어를 한마디 하실 줄 안다고 하시며 "못 살겠다"라는 말을 하셨어. 이 말을 오키나와 '위안소' 여성들이 입버릇처럼 달고 살았다는 거야. 행여 술이라도 한잔 들어가면 〈아리랑〉을 부르며 그렇게 눈물을 흘렸대. 그 마음이 어땠을지 알 것 같아.

비디오 마지막 장면에 시로타 씨가 등장해 이렇게 말씀하셨어.

"전쟁으로 가장 고생한 건 여자와 아이예요. 뼈저리게 느껴요. 내 배는 상처투성이예요. 등뼈는 아마 부러졌을 거예요. 다음 세상에 태어난다면 평범한 딸로, 평범한 가정에서, 평범하게 결혼해, 평범한 할머니가 되어 손자들에게 둘러 싸여, 평범한 삶을 살고 싶어요. 단지 그것뿐이예요. 마음만은 소중히 여기며 살아왔지만"

이 비디오를 보고 문득 우리 반 남자애들에게 불신감이 들었어. 이 애들도 어른이 되면 돈으로 성性을 사고 강간을 하는 건 아닐까 하고 말이야.

참, 노리코 어머니가 '아시아 여성들과 함께 하는 모임'アジアの女たちと生きる会을 만드셨대. 지금도 동남아시아에는 업자의 감언에 속아 감금 상태에서 매춘을 강요당해 온 여자아이들이 그렇게 많대. 일본에 도착하자마자 "너는 350만 엔의 빚이 있다"며 협박당한다는 거야. 그렇게 많은 여자아이들이 매춘에 시달리고 있다는 건 곧 성을 돈 주고 사는 남자들이 많다는 증거가 아닐까? 이런저런 생각에 머리가 혼란스러운 요즘이야.

— 유미가

2

연행되어 간 소녀들

1944년 가을, 친구와 함께 쑥을 캐러 강가로 갔다.
쑥을 많이 캐서 강가에 묻어 두고는 강에서 멱을 감으며 놀았다.
정신없이 놀다가 해가 져서 문득 제방 쪽을 보니
남자 두 명의 모습이 보였다.
두 사람 모두 군복 차림이었고,
그중 한 명은 전투모를 쓰고 있었다

보내 준 편지 잘 읽었어. 유미도 그곳에서 여러 가지 경험을 많이 하고 있구나. 그나저나 비디오에 시로타 씨가 나왔다니 정말 놀랍다.

비디오를 보고 우리 또래 남자애들에게까지 생각이 미치다니 역시 유미다워. 난 거기까진 생각 못했거든. 유미 말을 듣고 하마다 선생님 성희롱 사건을 우리 여학생들 선에서 해결할 것이 아니었다는 생각이 들었어. 남자애들과도 함께 고민했어야 하는 건 아닐까 하는 생각. 알다시피 우리 또래 남학생들이 워낙 장난스럽잖니. 그래서 우리끼리만 의논했던 건데, 남학생들도 한 번 쯤 진지하게 고민해 볼 필요가 있을 것 같아. 이번엔 여자 친구들이 어떻게 생각할지 몰라 선뜻 나서지 못했지만 다음에 기회가 된다면 남학생, 여학생 모두 함께 의논해 보는 것도 좋을 것 같아. 아무런 고민 없이 어른이 되면 하마다 선생님처럼 성희롱을 하거나 여자를 돈으로 살 수도 있으니 말이야.

며칠 전 이런저런 생각에 머리가 복잡해서 가와세 씨 댁에 놀러 갔어. 너무 반갑게 맞아 주시는 거야. 많이 외로우셨던 것 같아. 과거를 제대로 사유하지 않는 사람은 세월이 흘러도 어리석은 짓을 되풀이한다고 말씀하셨지. "좀 길지만 아사코가 연구회에서 발표했던 것 몇 부 남아 있으니 천천히 읽어 보렴. 나머지 두 부는 유미랑 새 친구 노리코에게 선물하렴" 하시며 동봉하는 글을 주셨어.

가와세 씨는 김학순 할머니의 증언을 듣고 감명을 받고 몇몇 분들과 단체로 한국을 방문하여 일본군 '위안부'였던 분들을 직접 찾아뵈었다고 해. 그때 찍은 사진도 보여 주셨어. 가와세 씨는 계속해서 이와 관련한 르포를 쓸 거라고 하셨어. 다음 르포가 나오는 대로 유미에게도 보내 줄게. 나도 하마다 선생님 사건을 계기로 친해진 후미코, 미에와 함께 돌려가며 읽어 보려고 해. 그럼 이만.

— 아키가

경찰서 앞에서 순사가 불러 세우더니
• 가와세 마키코의 르포 〈1〉

시로타 스즈코 씨의 꿈에 등장하는, 치마저고리를 입은 소녀들은 도대체 어떻게 끌려가게 된 것일까? 우선 윤두리(1928~2009) 씨의 경우를 살펴보자. 이 분은 집안 형편이 안 좋아 열다섯 살 때부터 부산에 있는 군복을 만드는 피복 공장에서 일했다. 거기서 일본인

과장에게 몇 번이나 폭행을 당했다고 한다. 어쩔 수 없이 초량에 있는 장갑 공장으로 일자리를 옮기려고 길을 나섰다가 귀가하던 중, 부산진역 앞 남부경찰서를 지나고 있었는데, 일본인 순사가 불러 세우더니 아무런 말도 없이 그 길로 경찰서에 감금되었다.

경찰서 안에는 이미 소녀들이 여럿 앉아 있었다고 한다. 모두 "좋은 곳에 취직시켜 줄 테니 기다려"라는 순사의 말을 믿고 기다리고 있었다. 밤이 깊어지자 어떤 군인이 오더니 트럭에 소녀들을 모두 태웠다. 1943년 9월 초순의 일이었다.

결국 열 명의 소녀와 함께 경비선에 태워져 부산 영도 제1위안소로 연행되었다. 그리고 이튿날 장교인 듯한 군인에게 강간을 당했다. 필사적으로 저항해 보았지만 소용없었다. 그 뒤로 식사 시간을 제외하고 하루 종일 군인을 상대해야 했다. 배가 항구에 도착하는 토요일과 일요일이면 하루 종일 군인들로 붐볐다. 그렇다고 군인을 상대한 대가로 돈이나 군표(전쟁 지역에서 사용할 수 있도록 한 특별한 수표)를 받은 적은 단 한 번도 없었다.

당시 함께했던 45명의 '위안부'는 모두 조선인이었다. 그 가운데 두 여성이 임신을 했다. 한 명은 중절수술에 실패해 사망했고, 다른 한 명은 임신으로 배가 불러오자 자살을 기도했다. 그러나 발각되어 다른 곳으로 이송되었다. 어디로 갔는지는 아무도 모른다.

당시의 상황을 윤두리 씨는 이렇게 증언했다. "생리가 있는 날도 군인을 상대해야 했기 때문에, 생리대 대신 지급받은 거즈를 붙이고 있을 틈도 없었어요." "임질에 감염된 적도 있어요. 병원에 드나들며 주사를 맞아야 했고, 약을 한 움큼씩 받아 먹었습니다. 위안소를 나온 후에도 몸이 안 좋을 때면 어김없이 재발했어요." "군인이 오지 않는 경우는 집이 너무도 그리워 모두 함께 울었어요."

일본의 패전으로 전쟁이 끝나면서 군인과 업자들은 사라졌지만, 윤두리 씨는 빈손으로 고향에 돌아갈 수 없다고 생각하여 식당에서 1년 간 일한 후에 겨우 집으로 돌아갔다고 한다.

윤두리 씨는 "다시 한 번 여자로 태어나고 싶어요. 아마 죽어서 눈 감을 때까지 내가 당한 일을 잊지 못할 거예요" 하고 호소했다.

문옥주(1924~1996) 씨의 경우, 독립운동을 하던 아버지가 병을 앓다 돌아가시는 바람에 집안이 어려워져 어린 나이에 일선에 나갔다. 1940년 늦가을, 친구와 놀다 집으로 돌아오는 길에 군복 차림의 일본인 손에 끌려 헌병대 같은 곳으로 갔다고 한다. 당시 열여섯 살이었다. 헌병대에는 같은 또래 소녀들이 몇몇 더 있었다.

다음날 밖으로 끌려 나와 평상복을 입은 일본인과 조선인 남자에게 넘겨졌다. 그대로 기차에 실려 북쪽 어딘가로 끌려갔다. 도착한 곳은 중국 동북지방 타오안청逃安城에 있는 위안소였다. 그곳에서

"사흘 만에 정조를 빼앗겼어요"라고 말했다. 도망가려고 해도 갈 수 없는 멀리 떨어진 외진 곳이었다.

"내 방은 두 줄로 늘어선 방 중에 하나였어요. 겨울이 되면 벽에 두껍게 얼음이 생겼고, 방바닥 양쪽 끝을 홈을 파 놓아 더러운 물이 흘러 갈 수 있도록 되어 있었어요." 어떤 날은 하루에 20~30명이나 되는 군인을 상대해야 했다고 당시를 떠올렸다.

그렇게 1년을 생활하던 중, 가정을 꾸려 밖에서 함께 살자고 제안한 회계 담당 장교에게, 어머니가 위독하니 돌아가시기 전에 한 번 뵐 수 있게 고향으로 보내 달라고 간청했다고 한다. 그렇게 해서 간신히 조선으로 돌아올 수 있었고, 입주 가정부가 되어 먹고 자며 억척스럽게 일했다.

그런데 1942년 7월, 문옥주 씨는 한 친구로부터 "조금 먼 곳이긴 해도 돈을 많이 벌 수 있는 식당이 있는데, 가지 않을래?" 하는 제안을 받게 된다. 이왕 더럽혀진 몸이니 돈이라도 많이 벌자 하는 마음에 가족들 몰래 집을 나왔다. 고생하시는 어머니를 도와드리고 싶었다고 한다.

부산역 앞에 모인 열대여섯 명의 여성들과 함께 '마쓰모토'라는 이름의 조선인을 따라갔다. 이튿날 군용선에 오르니 조선인 여성들이 300~400명 정도 타고 있었다.

다음은 한국에 가서 직접 대화를 나누었던 이용수(1928~) 씨의 사연이다. 1928년생으로 대구에서 태어나 자랐으며 장녀로 다섯 명의 동생이 있었다. 아버지는 물건을 나르는 잡일을 하셨고 가난 탓에 용수 씨는 학교도 다니지 못했다. 아홉 살 때 야학에 잠시 다닌 게 전부였는데, 그곳에서 '깜둥이'란 애칭의 일본인 음악 선생님에게 노래를 배웠던 시절을 추억했다.

열한 살 때부터 두 해를 제사 공장에서 일했다. 실을 꼬는 작업이었다. 열세 살 때 전매공사에 시험을 봐서 담배 만드는 일을 해 보았지만, 지독한 담배 냄새를 견디지 못해 며칠 일하다 그만두었다. 그 뒤로도 제사 공장으로 돌아와 열다섯 살까지 일했다.

열여섯 살이 되던 해에 공장을 그만두고 집안일을 도왔다. 남동생이 다섯 명이나 되었기에 집안일로 정신이 없었다. 그해부터 일요일마다 '훈련'이 시작되었다. 전투모에 몸뻬 차림을 하고 국민학교에 모여 행진이나 방공호 훈련을 받았다.

"나는 피부도 뽀얗고 체격이 큰 편이어서 니시키錦 마을 2반 반장이었어요. 야스하라安原·이용수라는 이름으로 불리었죠. 교장 선생님을 향해 "좌로 봤!" 하고 호령을 하기도 했어요"라며, 머리 왼쪽으로 휙 돌리며 일본어로 소리 내어 경례하는 동작을 해보였다. 이용수 씨는 지금도 체격이 크고 꽃무늬 옷이 잘 어울린다.

"만 열여섯, 꽃다운 청춘이었죠."

라며, 말을 이어 갔다. 1944년 가을, 친구와 함께 쑥을 캐러 강가로 갔다. 쑥을 많이 캐서 강가에 묻어 두고는 강에서 멱을 감으며 놀았다. 정신없이 놀다가 해가 져서 문득 제방 쪽을 보니 남자 두 명의 모습이 보였다. 두 사람 모두 군복 차림이었고, 그중 한 명은 전투모를 쓰고 있었다. 친구와 자신을 향해 내려오는 모습을 보고는 당황하여 도망치듯 집으로 돌아왔다. 친구는 어떻게 되었는지 몰랐다.

그런데 며칠 후 아침, 집 뒤쪽에서 그 친구가 "잠자코 따라 와 봐"하며 이용수 씨를 불러내었다. 이른 시간이라 가족들은 아직 자고 있었다. 잠자코 친구를 따라가니 가까운 건널목 한쪽에 전투모를 쓴 남자와 세 명의 소녀가 있었다. 무서워서 달아나려고 했는데 친구가 "같이 가자"고 해서 따라갔다.

남자가 보자기에 싼 보따리를 하나 안겨 주었다. 무엇인지 물으니 빨간 구두와 원피스라고 했다. 그 말을 듣고는 기분이 좋아져 그길로 따라나섰다. 다섯 명이 함께 기차를 타고 경주로 이동했다. 그곳에서 또 다른 소녀 두 명과 합류해 일곱 명이 함께 경주에서 하루를 묵었다.

이용수 씨는 훗날 가족을 생각해서 갔다고 증언했다. 이용수 씨의 경우 "조금 멀리 가는 것이지만, 좋은 돈벌이가 될 거"라는 친구의 권유도 있었고, 그럴싸한 빨간 구두와 원피스에도 마음이 끌려 동행하게 된 것으로 보인다. 그리고 그 친구는 그날 강가에서 남자에게 붙잡혀 감언에 설득당한 것으로 보인다. 아마도 "친구도 함께 가자고 설득하라"는 지시가 있었을 것이다.

"경주에서 묵었던 여관 앞에 예쁜 꽃 한 송이가 피어 있었어요. '무슨 꽃이에요?' 하고 물으니, 도라지꽃이라고 알려 주었어요."

다시 기차를 타고 이동하던 중 집 근처를 지나게 되었는데, 이용수 씨는 집 쪽을 보며 하염없이 울었다. 가족들은 딸의 행방을 알 리 만무했다.

"어머니, 어머니, 이 사람들이 (나를) 끌고 가요 하면서 울었어요."

이미 그때는, 속임수에 넘어간 소녀들은 감금된 것이나 마찬가지였다.

일행은 평양에서 하룻밤 머물고 중국 다롄으로 향했다. "우리를 끌고 간 일본인은 말 수가 적었고, 맘에 들지 않으면 바로 폭력을 행사했다"고 회고했다.

다롄 항에는 수많은 배들이 정박해 있었다. 이윽고 배는 선단을 꾸려 출항하기 시작했고, 이용수 씨 일행은 가장 끝 쪽 열한 번 째 배에 올라탔다. 그 배에는 해군 3백 명 정도가 타고 있었다. 배 안에서 1945년 새해를 맞게 되었다.

군인들은 이용수씨 일행에게 한 사람 씩 다음과 같은 노래를 부르라고 명령하기도 했다.

아무 말 없이 야스쿠니의

궁 계단 엎드리면

뜨거운 눈물이 복받쳐 오른다

그래, 감사의 그 마음

모으고, 모은 그 마음이 나라를 지킨다

이렇게 노래를 하면, 떡을 두 개씩 쥐어 주었다. 이용수 씨는 50
여 년이 흐른 지금도 그 노래를 막힘없이 불렀다. 군국주의 교육을
받은 나에게도 낯익은 멜로디와 노랫말이었다. 이 노래를 '황군'에
게 강간당한 조선 여성이 지금 내 앞에서 부르고 있는 것이다. "천
황을 위하여 아시아 사람들을 살해하고 죽으라!"라는 명령을 완수
하고, 지금은 야스쿠니 신사에 잠들어 있는 남자들. 그 야스쿠니
를 찬양하는 노래라는 것을 이용수 씨는 알고 있을까? 여기에 생각
에 미치자 나는 마음이 아파 왔다.

배는 미군의 공중폭격으로 가다 서다를 반복했고 심한 멀미에
시달려야 했다. 그 와중에 "배 안에서 화장실을 가서 토하고 있을
때, 해군이 다가와 범했어요. 다른 여자들도 모두 그 배 안에서 강
간당했어요"라며, 이용수 씨는 몸서리치며 울었다.

그러던 어느 날 어뢰로 인해 배에 물이 차 큰 소동이 일었다. 크
게 흔들려 구명조끼를 착용하고 "도와주세요!" 외치며 떨고 있었

다. 배 앞부분이 파손된 듯했다. 하룻밤 지나자 앞에 가던 배들이 한 척도 보이지 않았다. 모두 침몰한 것이다. 이용수 씨 일행은 군인들과 함께 다른 배로 옮겨 탈 수 있었다. 그렇게 도착한 곳이 타이완이었다. 하지만 타이완이 어떤 곳인지는 전혀 알지 못했다.

병사들 눈에 비친 '위안부'

• 가와세 마키코의 르포 〈1-2〉

"낭자군娘子軍이라 불리는 위안부가 탄 배의 선창을 여닫았던 것에 대한 참회"(소다 쓰토무租田功, 시마네 현)

　"위안부를 밤마다 장교들 숙사로 데려간 당번병들의 원한이 드리운 섬"(다카자와 요시히토高沢義人, 마쓰도 시)

― 〈朝日歌壇〉

　"1939년(쇼와 14) 39사단 소속, 중국어 특별 훈련을 받고 이창宜昌 공략전에 참가했습니다. 군이 이동하는 곳마다 반드시 조선 출신 여성들이 따라붙었습니다. 그녀들은 저고리 소매를 걷어 올린 채 짐 보따리 하나를 머리에 이고 행렬 맨 뒤를 터벅터벅 따라왔습니다. 작전이 일단락되자 공병대의 암페라 포획이 시작되었습니다. 민가는 대부분 파

괴되고 피어오르는 담배연기만 묘하게 푸른색을 띠었지요. 이 풍경은
길게 늘어선 병사들의 대열과 총 끝에 칼을 꽂고 보초 서는 병사들과
정말 묘한 대조를 이루었어요."

— 〈談話室〉,《朝日新聞》(1986년 12월 23일)

야마구치 현에 거주하는 가네코 요이치金子陽一 씨의 회상 부분이
다. 전투 막간에 암페라로 만든 작은 방 '위안소'를 찾아 길게 줄을
선 병사들의 대열. 여성들은 '황군 위안부'라고 쓴 때 묻은 완장을
차고 있었으며, 유탄에 맞아 죽기도 했지만 아무도 신경 쓰지 않았
다고 한다.

'종군 위안부 110번'(1992년 1월, 민간단체가 공동으로 3일 동안 개
설)에 전화를 걸어 온 70세 전직 병사는 중국 산둥반도 보싱博興에
있는 '위안소'에 대해 다음과 같이 증언했다.

"그동안 외진 곳으로만 이동했기 때문에 위안소라는 곳을 알 리
가 없었죠. 위안소를 보고 처음엔 국수를 파는 곳인 줄 알았죠. 그
런데 보싱에 도착했을 때, 웬 여자가 세면도구를 들고 부대 안 목욕
탕으로 들어가는 거예요. '뭐야? 여자 주제에'라고 생각하고 있었는
데, 나중에야 '위안부'라는 것을 알게 되었어요.

처음 위안소라는 곳을 찾았을 때였어요. 그곳에 있던 위안부가
이렇게 말했어요. '난 속아서 왔어요. 여학교에 다니고 있었는데, 국

가를 위해 여러분의 힘이 필요하니 나가 달라는 모집이 있었고, 여자정신대라는 그럴싸한 말에 이끌려 헌병에게 끌려오게 된 거에요.' 그녀는 울면서 말했습니다. 나는 그녀가 불쌍하게 생각되어 어서 '여기서 탈출하라'고 말했어요. 그랬더니 '늘 감시당하고 있어서 쉽게 도망갈 수 없어요. 거기다 어딜 가든 위안부라는 사실이 밝혀질 테니까요.' 나는 그녀의 답변이 선뜻 이해가 되지 않아 '무슨 말이지?' 하고 물었죠. 그러자 '몸에 문신이 새겨져 있어요……' 하고 대답했어요. 그때 처음으로 위안부의 실상을 알게 되었어요."

나도 설마 문신까지 새겨 넣었을까? 그땐 반신반의하며 들었지만, 얼마 전 북한의 위안부 실태를 취재한 텔레비전 프로그램을 통해 이 증언이 사실이라는 것을 알았다. 과거 '위안부'였던 여성의 가슴에 선명하게 새겨진 문신을 보고는 할 말을 잃었다.

1939년부터 1942년까지 타이완, 중국 등지의 군부대에 동원되었던 화가 야마시타 기쿠지山下菊二는《무너져 내린 늪》くずれる泥이라는 책에 그때의 일을 이렇게 기록하고 있다.

"비인간적인 대우를 받은 것은 전선에 위안부로 동원되어 고역을 치른 여성들도 마찬가지 아니었을까? 이 여성들은 차별당하고 학대당하면서 죽어 가고 있었다. 필리핀 전장에서는 일본인 위안부가 조선인 위안부들에게 '여러분은 일본을 위해 죽지 않아도 되니 어서 포로가 되세요. 우리는 이래 뵈도 야마토大和 나데시코(패랭이꽃, 일본의 전통적 여성상을 상징한다 ─ 옮긴이)랍니다. 일본을 위해 싸울 겁니다' 하고 말한 뒤 자결했다고 한다. 하지만 이 여인들 누구도 병사들처럼 야스쿠니 신사에 합사되지 않았다. 병사들의 사기를 높이려고 애쓴 군부는 이 점을 어떻게 생각할까? 지금이라도 그녀들에게도 병사와 마찬가지로 애도를 표해야 한다고 생각한다.

내가 위안부를 처음으로 본 것은 전장에서 재교육이 끝나고 지휘반에 소속되고 얼마 되지 않았을 때였다. 순찰 장교를 따라가 보니 중국인 민가를 임시로 수리해 만든 방 대여섯 칸이 있었다. 널빤지 사이로 방안을 엿볼 수도 있었다. 방 문 앞마다 병사들이 마치 암캐에게 달려드는 발정 난 수컷들처럼 미리 각반을 풀어 놓고 대기하고 있었다. '빨리 해!'를 외치며 줄서 있는데 곧 내 차례라는 것을 알았다. 물론 위안부 사이에도 구분이 있어 장교용과 하사관, 병사용이 따로따로였다. 병사들은 아무래도 젊은 여성들을 선호했기에 처녀 징용이 가능했던 조선인 여성들이 가장 많았던 것 같다."

야마시타 씨는, 당시 국민을 개병제의 틀 안에 가두고, 침략 전쟁을 자유롭게 수행할 절대적인 권력을 위해 "천황은 군의 최고 책임자이며 대원수이자 살아 있는 신"으로 신격화했다고 회상했다.

군대에서 계급은 표식 하나가 달라도 "내 명령은 대원수의 명령이라 여겨라" 하며, 말도 안 되는 일들에 큰 권력을 휘둘렀다고 한다. 이를테면 마구간에서 밟은 말똥이 군화에 조금이라도 묻으면, 거길 핥으라고 하거나 양동이 위에 정좌시킨다거나. 자연스럽게 몸도 마음도 피폐해졌다.

이렇게 해서 평범했던 사람들 대부분이 '비인간'화되어 갔다.

타이완 출신의 시인 천치엔우陣千武는, 스무 살이 되던 1942년에 타이완 특별지원병(사실상 강제)으로 신병훈련을 받은 뒤, 이듬 해 12월부터 포르투갈령 동티모르 최전선에 동원되었다가 구사일생으로 살아남았다. 그때의 가혹한 체험을 담은 자전적 소설《여자사냥꾼》獵女犯, 1984은, 타이완의 권위 있는 문학상 우줘류吳濁流 문학상을 수상하기도 했다. 소설 안에는 '위안부'에 대한 매우 구체적인 표현들이 등장한다.

그의 표현에 따르면, 병사들을 동티모르로 운송하던 어두컴컴한 선박 밑에는 '포획'한 여성들이 숨을 헐떡이고 있다.

"당연지사이겠지만 그녀들은 야수와 같은 병사들, 자신들을 포획해 온 힘있는 자들을 적대시했다."

대체 저 여성들을 전쟁터로 끌고 가서 어쩔 작정인가? 의심의 눈초리를 보내는 소설 속 주인공에게 또 다른 등장인물 일본인 병사는 득의양양하게 그녀들을 위안부로 끌고 가는 것이라고 설명해 주었다. "조센삐, 필리핀삐, 인도네시아삐도 있다"고 말한다. 여기서 '삐'는 것은 '위안부'를 멸시하는 말이다.

운송선은 공중폭격을 받아 사망자와 부상자가 속출했다. 그런 가운데 간신히 섬에 도착했는데, 포로가 된 여성들은 격리된 채 정글 안에 마련된 '위안소'에 감금되었다.

부상을 입고 군용 트럭에 실려 야전병원에 이송된 여성들도 있었다. 신음과 비명 소리가 "골짜기를 가득 매웠다. 끝을 알 수 없는 비극이 꼬리에 꼬리를 물며 삶과 죽음의 경계선에 와 있음을 느꼈다."

군은 또 섬 여성들까지 포로로 삼아 '위안소'로 끌고 갔다.

"이것은 일본 군부대의 경리부서가 해야 하는 업무이다. 그러나 사령부는 포로들의 호송 임무를 결사대가 되어 훈련 중인 병사들에게 맡겼다."

어쩔 수 없이 호송 임무를 수행하게 된 주인공에게 한 여성이 말을 걸어 왔다. 라이사린이라는 이름의 그 여성은 중국인 피가 섞인 혼혈이었고 중국 말도 할 줄 알았다.

"엊그제 왜놈 셋이 우리 집에 들이닥쳤어요. 나를 강제로 트럭에 태웠죠. 우리 엄마가 그중 한 놈을 붙들고 늘어졌는데, 걷어차여 그만 웅덩이에 빠져 버렸어요. 많이 다치지나 않으셨는지 걱정이에요. 혹시 당신도 거기에 있었던 건 아니겠죠?"

"아니, 나는 어제 교대로 들어 왔어. 그때 거기엔 없었어……."

그러나 주인공은 마음속으로 생각했다. 설령 보고 있었다 하더라도 어쩔 수 없었을 거라고. 그들과 똑같이 그녀를 총구로 협박해서 군인들이 잡기 쉽도록 하는 공범자가 되었을 것이라고 말이다.

어찌 되었든, 지원한 기억이 없는데도 징병되어 온 타이완의 병사들은 만년 신병 신세였다. '포로' 호송 임무를 마친 뒤에도 결사대는 밤낮 없이 "병영 부근의 산, 밀림, 초원 등지를 행군하며 헤집고 다녔다."

4주째 되던 주말 밤, 잠들기 전에 반장이 일부러 침실까지 와서 명령을 전달했다.

"내일 일요일은 전원 휴식, 외출을 허가한다"

부대에서 처음 맞는 휴가였지만 피로에 지친 병사들은 하루 종일 잠만 잤다. 그런데 반장은 병사 전원에게 위안소를 찾으라는 부대장의 명령을 전달한다.

"만약 위안소를 찾지 않으면 그 벌로 3일 간 보초 근무를 세울 것이다. 알겠나?"

이에 주인공은 전에 보았던 라이사린을 찾는다.

라이사린은 주인공이 자신을 "사냥하러 온 것"이 아니라 훈련의 고달픔 따위를 푸념할 대화 상대가 필요해서 왔다는 사실을 알고 마음을 연다.

"당신들 일본군은 왜 자기와 같은 편을 학대하는 거죠?"

"그건 학대가 아니야. 작전상 어쩔 수 없이 수행해야 하는 훈련이라고."

"그게 그거죠. 우리를 잡아들이고는 훈련이라고 말하고, 실은 우리를 학대나 하고 말이죠. 당신네들처럼 하찮은 존재를 위해, 우리를 마음대로 노예로 삼아 일하게 하다니……"

일본인 병사에게는 말하지 못했을 그녀의 본심을, 그리고 말한다고 하더라도 쓰지 않았을 위안부 실상을, 일본의 식민지인이자 타이완 출신인 천치엔우는 훌륭하게 그려내 보였다.

3

'위안소'는 이렇게 시작되었다

언제 고향으로 돌아갈지 기약도 없이
오늘 죽을지 내일 죽을지 모르는 상태에서
전투와 행군을 계속해야 했고,
불합리하더라도 상관이 명령하면 절대 복종을 해야 했던
병사들의 불만과 분노, 전쟁에 대한 혐오감이
상관이나 국가로 향하지 않도록 하기 위한 목적도 있었다.

중국 지린 성으로 연행된 소녀들

• 가와세 마키코의 르포 〈2〉

대부분의 여성들은 자신이 설마 '성性 서비스'를 해야 한다는 사실은 꿈에도 생각하지 못한 채 중국 각지에 설치된 '위안소'로 끌려갔다.

서울에서 만난 황금주(1922~2013) 씨도 마찬가지였다.

황금주 씨는 1922년 음력 8월 15일, 충청남도에서 3남매 중 장녀로 태어났다. 유서 깊은 학자 집안이었으나, 일본 유학 중이던 부친에 병을 얻어 집안 형편이 어려워졌다. 열세 살 되던 해인 1934년에 금주 씨는 함경남도 함흥의 최씨 댁 양녀로 보내진다. 최씨에게 빌린 아버지의 약 값 100엔을 대신해서였다. 최씨 부부에겐 이미 자식이 다섯이나 있었지만, 금주 씨에게도 친자식 못지않은 사랑을 베풀었다.

열일곱 살 가을부터 야학교에 다니며 두 해를 보내고 일 년 쉬고 있을 때 "미혼 여성은 군수공장에서 일하라"라는 공고가 내려왔다. 최씨 집에서도 반드시 한 명은 내보내야 했다. 마침 황금주 씨보다 한 살 위인 딸이 있었지만 곧 일본 유학을 떠나야 해서, 황금주 씨본인이 가겠다고 나섰다고 한다. "3년 동안 공장에서 일하고 오면 된다"고 하기에 아무런 망설임도 없었다고 한다. 1941년 3월의 일이 었다.

보자기에 짐을 싸서 함흥역으로 가니 소녀들 20여 명이 대기하고 있었다. 기차를 타고 가는 도중에 다시 20여 명이 합류했다.

"서울에 있는 군수공장에 간다고 했는데, 자꾸만 북쪽으로 가는 거예요. 이상하다, 만주(중국 동북부) 군수공장으로 가는 건가? 하고 생각했어요. 3월이었지만 몹시 추웠어요. 기차는 밖을 보지 못하게 창문에 온통 기름종이를 붙여 놓았어요. 함흥역을 출발하기 전에 기름종이 틈 사이로 밖을 엿보았더니, 승강장에서 민간인과 헌병이 종이쪽지 같은 것을 교환하는 모습이 보였어요."

지금 생각해 보니 자신들을 팔아넘기는 서류가 아니었을까 하고 황금주 씨는 추측했다.

"기차 안에는 헌병 한 사람과 군인 한 사람이 서 있었어요. 물을 넣어야 움직이는 석탄 열차는 칙칙폭폭, 칙칙폭폭 하고 달렸어요. 타고 있을 때부터 자유는 전혀 없었어요. 식사는 주었지만 먹을 만한 게 아니었어요."

이튿날 저녁, 중국 동북부 어딘가에 내려졌다. 기차에 가득 타고 있던 군인들도 함께 내렸다. 그리고 줄지어 선 군용 트럭을 타고 다시 출발했다. 황금주 씨 일행은 가장 끄트머리 세워져 있던 트럭에 올라타게 되었다. 트럭 안은 몹시 더러웠다. 비포장도로였기 때문에 트럭이 흔들릴 때마다 몸이 튀어 올랐다. 날씨는 추운데다 트럭도 계속 흔들려 불안감은 더 증폭되었다. 옆 사람 얼굴을 겨우 가늠할 수 있을 정도로 날이 어둑어둑해진 후에야 트럭에서 내릴 수 있었다. 그곳이 지린 성이라는 것은 나중에야 알았다.

이제 따뜻한 곳에서 몸이라도 녹일 수 있으려나 하고 생각했으나, 난방은커녕 낡은 다다미가 깔린 차가운 작은방으로 들여보내졌다. 저녁 식사가 나왔으나 도무지 먹을 기력이 없었다.

"자라고 하면서 이불 한 장과 너덜너덜한 모포 한 장을 받았는데, 너무 추워서 잘 수가 없었어요. 모두들 무릎을 감싸 안고 모여 앉아 밤새도록 서로의 체온으로 겨우 몸을 녹였죠. 그땐 정말 엄청 떨었어요."

황금주 씨는 그때의 기억이 되살아나는지 몸을 부들부들 떨었다.

"날이 밝자 기상하라고 했지만 추워서 발도 못 뗄 지경이었어요."

식사는 반찬을 조금씩 담을 수 있게 만들어진 알루미늄 쟁반에 담겨 있었다. 차디차게 굳어 버린 밥은 도저히 넘어가지 않아 국물만 조금 마셨다. 다시 작은방으로 돌아왔다. 이것이 군대생활인가 생각하며 작은방으로 돌아오자, 그곳에서는 더욱 삼엄한 감시가 기다리고 있었다. 정좌하고 앉아 있어야 했고, 한눈이라도 팔면 심하게 야단맞고 따귀도 맞았다.

그날 밤, 황금주 씨 일행은 장교들 방에 불려 가 강간당했다. 필사적으로 저항해 보았지만 허사였다. 장교는 일본도日本刀를 휘두르며 황금주 씨에게 다가와 목을 베는 시늉을 했다. 두려움에 그만 정신을 잃었다. 얼마나 흘렀을까. 정신을 차리고 보니 장교가 옷을 입고 있었다. "나가!"라는 장교의 말이 들렸다. 그러나 치마는 찢겨져 있었고, 주워서 몸에 걸치고 일어나려고 해도 일어날 수 없었다. 결국 장교의 명령을 받은 군인들한테 업혀서 원래 있던 작은방에 내팽개쳐졌다.

이렇게 해서 스무 살의 처녀는 천황의 군대 '위안부'가 되었던 것이다.

나중에 알게 된 일이지만 '위안부' 사이에는 등급이 매겨져 있었다고 한다. 위안소에 들어온 지 한두 달 되는 여자들은 '신품'新品 이라 하여 장교들을 상대하게 했다. 이 기간이 '1등급'이다. 그 후로는 판자로 칸막이를 한 나무침대만 덩그러니 놓여 있는 다다미 세 장짜리 좁은 '위안소'에서 병사들을 상대하라는 명령을 받게 된다. 2등급이라 불리는 여자들은 위안소에 온 지 대여섯 달 되는 여자들이며, 3등급은 그보다 오래 있었던 여자들이다. 더 구체적으로 말하면, 이러한 구분은 성병의 유무 또는 정도에 따라 달라졌다. 성병에 걸리면 의무실에 가서 주사를 맞는다. 재발하면 다시 의무실을 찾는다. 그런데 세 번째 성병에 걸리게 되면 어디로 끌려가는지 더 이상 얼굴을 볼 수 없게 된다. 상태가 너무 안 좋아지기 때문이라고 한다.

"어디로 끌려갔는지 모르겠어요. 죽여 버린 것이 아닐까 해요."

731부대로 끌려가 인체실험을 당했을 것이라는 추측도 있다. 실제로 731부대에서는 중국인이나 러시아인 여성에게 매독 균을 주입한 뒤 병이 진행되면 생체를 해부했다는 병사의 증언도 있다.

'위안소' 안 여자들은 대부분 서너 차례 임신을 경험했다고 한다. 그러나 늘 추운 곳에 노출되어 있고 심한 폭행에 시달리다 보니, 자신이 임신한 것을 알아차리는 여성은 드물었다고 한다. 다만 생리를 건너뛰는 것을 이상하게 여길 뿐, 전혀 눈치 채지 못했다. 그 사이 주사를 놓거나 약을 먹었다고 한다. 그러면 심하게 출혈을 하고 유산하게 된다. 몸조리를 해주지 않아 얼굴도 붓고, 몸도 붓는다. 그런 상태임에도 군인들은 아무렇지도 않은 듯 계속 찾아 든다.

"우리 몸이 어떻게 되든 전혀 신경 쓰지 않았어요."

황금주 씨도 위안소에 들어온 지 1년이 지날 무렵 성병에 걸렸다. 먼저 위안소에 와 있던 여성에게 배운 대로 민간요법도 써 보고 의무실에 가서 주사도 맞았다. 찾아오는 군인에게 성병 때문에 못한다고 거절한 날, 죽을 만큼 험한 일을 당했다. 군인은 미친 듯이 화를 내며 황금주 씨를 발로 차고 두들겨 패며 벽으로 던져 버렸다. 정신을 잃은 황금주 씨를 군인들이 질질 끌어 작은방으로 옮겨졌는데, 동료들 모두 죽은 줄 알았다고 한다. 의식불명 상태였다가 사흘 만에 "물 좀 줘" 하며 눈을 떴다.

"개보다 못한 대우를 받았어요"라고 당시를 회고했다.

그 후로 날이 갈수록 더 많은 군인들이 위안소를 찾았으나 돈이나 군표를 받은 적은 없었다. 몸뻬 몇 벌 던져 준 게 전부라고 했다.

그럼에도 군인들은 "천황의 명령이니, 너희들은 살아 있는 것만으로도 행복으로 여겨라"라고 했다."

생리 때면 더욱 고통스러웠다. 탈지면만 약간 제공될 뿐이었다. 집에서 가져온 생리대를 빨아서 말리고, 빨아서 말리며 썼지만 누가 가져가 버려 아주 곤혹스러웠다고 한다.

이러한 증언은 중국의 위안소 실태를 조사한 윤정옥 교수의 증언과도 일치한다. 윤 교수 일행은 러시아와 북한 국경 지역에 위치한 훈춘琿春이라는 곳에서 당시 모습을 그대로 보존한 위안소를 발견한다. "비좁아서 키가 좀 큰 사람은 다리도 제대로 뻗을 수 없을 정도에, 차갑고 적적한 곳이었어요. 창문에는 쇠창살이 다섯 개 끼워져 있었는데, 남자들에게 강간당할 수밖에 없는 감옥 같은 바로 그런 방이었죠. 그녀들이 '성노예'가 되었던 상황을 훈춘에서 실감했습니다."

산길을 혼자 걷다 일본군에게 끌려간 충청남도의 노청자(1920~

2004) 씨는 당시 열여섯 살이었다고 한다. 트럭에 태워져 밤새 이동하여 부대 한쪽에 있는 마구간 같은 위안소로 끌려갔다. 노청자 씨는 하루에 30~40명을 상대해야 했다. 그곳은 방마다 칸막이가 되어 있는 다다미 두 장 정도 크기의 방이었다. 판자 위에는 얇은 군용 담요가 깔려 있었다.

다다미 두 장, 그곳은 방이라고 말할 수 없는 곳이었다. 매서운 추위에, 듣도 보도 못한 이국땅에서 365일 그곳에 갇혀 밤마다 수십 명의 군인들을 상대해야 했던 소녀들. 그런 지옥 같은 생활을 강제한 것은 다름 아닌 천황의 군대였다.

노청자 씨는 어쩔 수 없이 '대일본 국방부인회'大日本國防婦人會라는 글귀가 새겨진 어깨띠를 두르고 팔로군 포로 처형 장면을 지켜봐야 했다. 군인들은 이것을 '담력 시험'이라 불렀다고 한다. 구덩이 앞에 무릎이 꿇린 포로는 목이 잘려 아래로 고꾸라졌다. 또는 셰퍼드에게 쫓기다가 물려서 기절한 남자를 구덩이 속에 던져 넣고 총칼로 찔러 죽였다. 이렇게 잔인한 장면을 강제로 몇 번이나 보게 했다고 증언했다.

그 무렵 하세가와 데루長谷川テル(일본인 항일 운동가이자 에스페란티스토 ─ 옮긴이)라는 일본인 여성은, 노청자 씨와 같은 '위안부' 여성들의 참상을 세상에 호소하는 데 힘썼다. 그녀는 중국인 유학생

류런劉仁과 결혼하여 한커우漢口에 체재하며 국민당이 주관하는 항일 방송에 전념했다.

"조선에서 온 젊은 여성 몇몇을 알게 되었습니다. 그녀들은 '위안대'라는 이름으로 일본군의 수욕獸慾을 만족시키지 않으면 안 됩니다. 그중 두 사람은 얼굴이 누렇게 뜨고 몹시 수척했습니다. 다른 한 명은 누가 봐도 심한 매독에 걸려 있었습니다. 그리고 또 다른 여성은 배가 남산만 하게 불러 있었습니다. 하지만 태어날 아이의 부모가 누구인지 아는 사람은 이 세상에 없습니다. 부탁드립니다. 이 모든 사실을 믿어 주세요. 지금 일어나고 있는 일입니다. 여러분 이것이 황군이 중국에서 보여 주고 있는 '문화'의 정체입니다."(《전 세계 에스페란티스트에게》全世界のエスペランチストへ, 1938년 12월, 충칭)

당시 일본의 언론은 진실을 말하는 하세가와 데루를 '매국노'라고 낙인찍었다.

"나아가라, 나아가라, 병사들이여 나아가라!"라는 구호로 가득한 국정교과서로 공부한 '쇼와의 아이들'인 우리는 진심으로 일본의 '성전'聖戰을 믿고 있었다. 천황 폐하의 명을 받들어 동양의 평화를 위해 병사들은 밤낮으로 싸우고 있으며, 그 결과 일본이 승리하면 아시아의 액邪은 사라지고 더 없이 훌륭한 평화가 아시아를 감싸게 될 것이라 믿어 의심치 않았던 것이다.

9·18, 그 비참한 날 이래

· 가와세 마키코의 르포 〈2-2〉

1931년 9월 18일, 이날은 우리 일본인들이 마음 깊숙이 새기지 않으면 안 되는 날이다. 이날 일본 관동군은 남만주철도주식회사 류타오후柳条湖 역 철도를 고의로 폭파하고 이를 중국군의 소행으로 돌려 장쉐량이 통솔하던 중국군을 공격했다. 이 사건은 무려 15년 동안 이어질 중국 침략전쟁, 이른바 만주사변의 시작일 뿐이었다. 이 전쟁은 아시아·태평양전쟁으로 이어져 전쟁 지역이 동남아시아와 태평양 섬까지 확대되었다. 전쟁 기간 동안 일본인 3백만 명, 중국인을 포함한 아시아인 2천만 명의 소중한 생명이 거품처럼 사라져 버렸다.

우리 집은 둥베이東北 쑹화강 근처

그곳에는 숲이 울창하고 탄광이 있고

온갖 곡식이 산과 들에 넘쳐 흐른다

우리 집은 둥베이 쑹화강 근처

그곳에는 나의 동포가 있고

연로하신 부모님이 계시고

9·18, 9·18, 그 비참한 날 이래

9·18, 9·18, 그 비참한 날 이래

고향을 떠나 그 많던 보물들을 잃고

유랑을 거듭하여 종일 관내를 유랑했다

세월이 얼마나 흘러야

그 그리운 고향으로 돌아갈 수 있을까

얼마나 세월이 흘러야

그 많던 보물들을 되찾을 수 있을까

어머니, 아버지

얼마나 세월이 흘러야 다시 단란한 가족으로 되돌아올 수 있을까요

— 모리 마사타카,《중국의 대지는 잊을 수 없다》

　이러한 중국 민중의 분노와 노여움에도 아랑곳하지 않고 관동군
은 불과 8개월 만에 중국 동북지방을 점령한다. 당시 제2차 와카쓰
키 레지로若槻礼次郎 내각(1931년 4월 14일부터 1931년 12월 13일까지
집권 — 옮긴이)은 점령 한계선을 만철 연선까지로 제한하는 불확대
방침을 발표했지만, 관동군은 천황의 명령에도 없던 관할 외 지역
지린 성을 침공하기에 이른다. 이에 천황과 정부도 사후 추인하게
된다.

　"만주사변이 일어나자 관동군은 자위自衛의 필요상, 과감하고 신
속하게 적을 토벌하였으며, 혹독한 추위에도 불구하고 각지에서 봉

기를 일으킨 비적을 토벌하여 황군의 위엄을 안팎으로 드러내었다. 짐은 진심으로 기쁘도다. 장병들은 더욱 더 견인자중堅忍自重하여 동양 평화의 기초를 확립함으로써 짐의 신뢰에 부응토록 하여라."

이것이 1932년 1월 8일, 쇼와 천황이 관동군에게 보낸 조칙 내용이다. 그리고 그해 3월, 일본은 폐위되어 은둔하고 있던 청조 마지막 황제 푸이溥儀를 초대 황제로 추대하여 사실상 일본의 식민지라 할 수 있는 '만주국'을 건설한다.

중국 정부는 강하게 반발하여 국제연맹에 제소했고, 곧 리튼 조사단이 현지에 파견되었다. 이 조사단의 보고를 바탕으로 국제연맹 총회는 '만주국'을 승인하지 않는다는 결론을 내렸다(여기서 반대한 나라는 일본뿐이었다). 하지만 일본은 승복하지 않고 아예 국제연맹을 탈퇴한다. 이리하여 일본은 전 세계적으로 외톨이가 되었지만, 여기에 굴복하지 않고 중국 대륙으로 침략을 확대해 나갔다.

참고로 천황의 조칙에 등장하는 '비적'匪賊이라는 말의 뜻은, 선조 이래의 비옥한 토지를 일본인 강도들에게 빼앗겨 부득이하게 들고 일어난 중국 인민 전사들을 가리키는 말이다.

그중에는 여성과 어린아이들도 있었다. 크고 검은 눈동자가 인상적인 여성, 자오이만趙一曼도 그 가운데 하나였다. 동북지방 항일군이었던 그녀는 1936년 8월 2일, 일본군에게 처형당한다. 그때 나이 서른한 살이었다. 그 전날 밤, 그녀는 어린 아들에게 다음과 같은 유서를 남겼다.

"아들아, 엄마는 이제 살아서 너와 만나지 못할 거야. 건강하게 자라서 땅속에 잠들어 있을 나를 위로해 주기 바란다. 사랑하는 아들아, 엄마는 말로 너를 교육하지 못하지만, 몸소 행동하는 것으로 너를 교육하련다."

아아, 9·18
그날만 없었더라면
유복한 집에서 태어난 당신은
꿈으로 가득 차 많은 책들을 읽으며
새벽에는 어린 아들을 안고
드넓은 대지에 떠오르는 태양을 그 검은 눈동자로 바라보았겠지
온화한 손으로
어째서 총 같은 걸 들었을까

찬바람 부는 밤에는
문득 떠올린다, 자오이만 당신을
눈 덮인 산악지대에서 소나무 껍질 풀뿌리까지 캐 먹었을 그대여
1936년 8월 2일
'동만주의 비적'으로 처형되었다

나이 서른하나

아직도 쑹화강에 흐르고 넘치겠지, 그대의 무넘이여

— 〈자오이만을 애도하며〉 부분

앞서 일본 언론의 집중 비난을 받았던 하세가와 데루는 "원하신
다면 저를 매국노라 부르세요. 전혀 두렵지 않습니다. 다른 나라를
침략한 데서 그치지 않고, 죄 없는 사람을 난민으로 만들고 태연하
게 지옥을 만들고 있는 사람들과 같은 국민이라는 것이 오히려 저
에게는 더 큰 치욕입니다"라고 응수했다. 그러나 정부와 언론, 교육
계는 입을 모아 '만주국'은 '왕도낙토'王道樂土라 선전했고, 대부분의
일본인은 그대로 믿었다.

그리고 1937년 7월 7일, 베이징 교외 루거우차오蘆溝橋에서 야간
훈련(남의 나라에서 전쟁 훈련을 벌인다는 사실 자체가 말도 안 되지
만) 중이던 일본군이 중국군한테서 몇 발의 실탄 사격을 받았다고
주장하며 곧바로 중국군과 전투에 돌입했다. 중일전쟁의 시발점이
된 이른바 '루거우차오 사건'이다.

7월 11일, 현지에선 전면전을 피하려던 일본 주둔군과 중국 제29
군 사이에 정전협정이 체결되었으나, 고노에 후미마로近衛文麿 내각
은 이를 무시하고 만주에 병력을 증파하며 전면전을 선포했다.

7월 27일, 총공격 명령

8월 13일, 상하이·칭타오에서 중국군과 전면전에 돌입

8월 14일, 15일, 해군에 의한 항저우·난창·난징 공중폭격

그리고 같은 날, 장제스 총통은 대일 항전을 위한 전국 총동원령을 발포하고, 중국공산당 마오쩌둥이 이를 받아들여 국민당과 공산당이 항일운동에 합의했다. 비로소 중국은 총력을 기울여 일본의 침략 행위에 맞섰던 것이다.

하지만 이 같은 중국 인민의 굳은 결의를 하찮게 여긴 일본은 공격을 멈추지 않았다. 11월까지 베이징, 텐진 등 주요 도시와 철도를 점령했고, 12월 13일에는 석 달에 걸쳐 공격했던 난징마저 손에 넣었다.

이에 쇼와 천황은 "용맹 과감한 추격을 행하여, 신속하게 수도 난징을 함락한 것을 매우 만족스럽게 생각한다"라는 '말씀'을 육군 부대에 보냈다고 한다. 그리고 일본 각지에서는 "난징 함락 만세!"를 환호하며 제등 행렬로 성대히 축하했다.

다음은 이시이 이타로石射猪太郎 외무성 동아국장이 남긴 당시의 기록이다.

"난징은 12월 13일에 함락되었다. 우리 군을 따라 난징으로 귀성한 후쿠이福井 영사가 보낸 전신 보고에 이어 상하이 영사의 서면

보고를 받고 크게 개탄했다. 난징에 입성한 일본군이 중국인을 상대로 약탈, 강간, 방화, 학살을 일삼았다는 정보였다."

세월이 흘러 1988년 여름, '난징대학살 실태조사 중국방문단'(단장 모리 마사타카)은 "먹으로 쓴 거짓말은 피로 쓴 사실을 덮을 수 없다"고 말한 루쉰의 말을 가슴에 새기며, 난징학살 현장을 방문하고 생존자와 인터뷰를 진행했다.

어마어마한 수의 사람들이 희생되었고, 더욱이 점령 후 한 달 동안 강간 사건이 수도 없이 일어났다고 한다. 일본과 동맹국이던 독일군 대표도 "일본군은 짐승 무리다"라고 본국에 보고했다고 한다.

실태조사단이 기록한 증언 가운데 당시 일곱 살 소녀였던 샤오슈친夏淑琴 씨의 체험은 더 없이 혹독했다.

샤오슈친 씨는 중화둥먼中華東門에서 조부모와 부모 그리고 네 명의 자매와 함께 살고 있었다. 1937년 12월 13일 아침 일본군이 들이닥쳤다. 그날은 마침 옆집 부부와 아이들도 놀러 와 있었다. 일본군은 문을 열고 들어오자마자 아버지와 옆집 아저씨를 총으로 쏴 죽였다. 옆방에는 어머니와 갓난아기, 옆집 아주머니와 두 아이가 숨어 있었다. 일본군은 아기를 마룻바닥에 내동댕이쳐 죽였고, 어머니는 강간한 후 죽였다. 옆집 아주머니는 있는 힘을 다해 저항했지만 결국 두 아이와 함께 살해당했다. 일본군은 다른 방에 있던 할아버지와, 언니들을 필사적으로 보호하던 할머니까지 죽였다. 열

셋, 열다섯 살 언니들은 결국 유린당한 뒤 살해당했다. 침대 안쪽에 숨어 있던 샤오슈친 씨도 총검으로 심한 상처를 입고 정신을 잃었다. 얼마 후 깨어났을 땐 세 살배기 여동생과 단 둘만 남아 있었다고 한다. 두 어린 소녀는 솥 밑바닥에 남은 누룽지와 찬 물로 버티며 가족들 시신 곁에서 무려 2주 동안 생활했다고 한다.

"살해당한 것은 우리 가족뿐이 아닙니다. 난징 시내에서 수백, 아니 수천 명을 이런 식으로 살해했습니다. 당시 사체가 산처럼 쌓여 있었습니다. 난징에서만 30만 명 이상이 살해당한 겁니다. 또 집을 불태워 몹시 힘들게 생활해야 했습니다. 이 일을 떠올리면 가슴이 저려 옵니다. 늘 그때를 떠올리며 눈물을 흘려, 지금은 눈도 멀어 보이지 않게 되었습니다."

전쟁의 화마 속에 육친 모두를 잃어버린 일곱 살, 세 살짜리 자매가 이후 어떻게 생활했을지, 상상만 해도 마음이 미어진다.

강어귀에 쌓여 가는 포로들의 사체에 밀려오는 세찬 바람 소리

— 이시이 세이타로

포로를 쏘았던 기관총을 옆에 세워 둔다. 손질한 총이 차갑게 빛난다.

— 이시이 세이타로

난징이 함락된 지 사흘째 되던 12월 15일, 원대 복귀를 위해 난징

의 샤칸下關 역에 도착한 병사 이시이 세타로石井淸太郎 눈에 비친 광경이다. 강어귀에 켜켜이 쌓여 있던 사체에서 역한 악취가 진동했다고 한다.

그날 밤, 이시이 세타로는 다른 병사들과 함께 민가에 주둔하게 되었는데, 병사들의 얼굴엔 수심이 가득했다고 한다. 무슨 일인가 했더니 포로 처형 때 목격한 참혹한 광경을 잊을 수 없어 괴롭다는 것이었다. 강이 온통 피로 물들 정도로 포로를 처형한 부대도 있었으며, 그 안에는 부녀자들도 포함되어 있었다고 한다.

다음날 악취가 풍기는 양쯔 강을 건너던 이시이는 주머니 속에 간직했던 히노마루를 꺼내어 성냥으로 불을 붙였다. 일본을 출발하기 전 한 소녀가 정성껏 만들어 준 깃발이었다.

"태양은 온 세상을 밝게 비춘다. 어릴 때 우리 할머니가 태양은 신神이라고 말씀하셨다. 신과 같은 태양을 본뜬 히노마루야 말로 황국 일본에 어울리는 국기라고 자랑스럽게 여기며 자란 나였다. 그런데 스스로를 황군이라 부르는 자들의 극악무도한 정체를 목격한 지금, 황군의 한 사람으로서 나는 히노마루가 너무나 눈이 부셔 견딜 수 없는 심정이다."(이시이 세타로, 《생명의 전쟁기》)

나는 이곳에서 군의 정체를 보았다 무거운 악취 속 휘날리는 일장기

— 이시이 세이타로

난징대학살은 결코 병사들의 폭동으로 일어난 것이 아니다. 군의 명령에 따라 벌어진 명백한 범죄인 것이다.

공용 '위안소'

• 가와세 마키코의 르포 〈2-3〉

'위안부'의 뜻을 사전에서 찾아보면 "전쟁터의 장병을 위안하는 여성"이라고 나와 있다. 그리고 '위안'은 "위로하여 마음을 편하게 해주는 일"이라고 설명하고 있다. 그런데 지금까지 살펴 본 '위안소'는 이러한 말이 갖는 의미와 전혀 다르게, 천황의 병사들이 강제로(또는 거짓으로 속여) 끌고 온 소녀들을 윤간하고, 저항하면 때리고 발로 차는 폭행이 용인되던 곳이다.

여기서 일본의 법을 적용해 보자. 형법 제177조에 명기되어 있는 '강간'에 관한 항목에는 "폭행 또는 협박으로 13세 이상의 여성을 간음한 자는 강간죄로 다스려 3년 이상의 유기징역에 처한다. 13세 미만의 여성을 간음한 자 역시 강간죄로 다스린다"라고 되어 있다.

황금주 씨의 경우, 일본군에게 강간죄, 상해죄, 감금죄, 인신매매죄 등을 물어야 할 것이다. 또한 1910년 파리에서 체결된 〈매춘업을 위한 부녀매음 금지에 관한 국제조약〉은 본인이 원하더라도 미성년자에게 매춘 행위를 시키는 것을 금하며, 매춘을 위한 목적으로 강제(사기 행위 포함)로 성인 여성을 유괴한 자는 처벌받는다고 규정하고 있다.

하지만 1933년, 중국 동북지방에서는 이미 조선인 '위안부'에 대한 일본군의 조직적인 관리가 이루어지고 있었다. 그 증거로 혼성 제14여단 사령부 문서에는 창기 38명(그 가운데 35명이 조선인)으로 매춘업을 시작했다는 기록이 보인다. 이 밖에도 주 1회 매독 검사를 실시했다든가, 건강진단 횟수를 헌병이나 경찰관과 협의한 뒤 결정했다거나, 각 부대에 콘돔 15,696개를 분배 및 교부했다는 기록도 보인다.

그리고 난징대학살 직후인 1938년 초에는 상하이에 일본군이 직접 운영하는 '육군 위안소'가 개설되었다. 다음은 '위안소'에 큰 글씨로 붙어 있던 '사용 규정 10개 항목' 가운데 일부이다.

하나, 본 위안소는 육군과 해군 소속의 군인, 군무원 이외에는 외부인의 입장을 금함. 입장하는 자는 위안소 외출증을 소지할 것.
하나, 입장하는 자는 반드시 접수대에 요금을 지불하고 입장권과 콘돔 한 개를 수령할 것.

이 '육군 위안소'에 연행되어 온 여성들은 100명 가운데 80명꼴로 조선인이었다고 한다. 1938년 1월 2일, 군 특무부 명령으로 '위안부' 검진을 담당했던 군의관 아소 데쓰오麻生徹男는 대부분 나이가 어린 처녀들이었다고 기록했다. 이후 그는 '위안부' 검진을 전담하게 된다. 일본군 안에서는 전쟁 지역에 파견할 창기로 젊은 여성들이 필요하다는 목소리가 높았다고 한다. 이것은 다른 의미로 성병에 노출된 일본인 창기를 황군 병사들에게 선물하기에 적합하지 않다는 말이기도 했다. 병사들 사이에 성병이 번지기라도 하면 군의 전력 저하와도 직결되기 때문이다. 실제로 시베리아로 출병할 때 병사 일곱 명 가운데 한 명꼴로 성병에 걸렸다고 한다. 이에 군 수뇌부는 성병을 예방하기 위한 방책으로 위안소 관리에 나섰고, 나아가 위안소를 개설하기에 이른다.

또 다른 목적은 난징대학살에서 빈발했던 중국인 여성 강간 사태를 막기 위함이었다. 북지나군 참모장 오카베 나오사부로岡部直三郞는 "중국 인민은 특히 강간 사건에 민감하게 반응하여 일거에 들고 일어나 죽음을 무릅쓰고 보복하려 한다. 그럼에도 중국 각지에서 일본군에 의한 강간 사건이 끊이지 않아 심각한 반일 감정이 조성되고 있다. 이러한 군인 개개인의 행위는 엄중히 단속할 필요가 있으며, 서둘러 성적 위안용 시설을 갖출 필요가 있다"라고 보고했다.

천황의 군대가 자행한 끔찍한 강간 사건의 사례는 중일전쟁 당시 육군 군의관 중위로 복무한 바 있는 가나자와의과대학 교수 하야오 도라오早尾虎雄의 논문 〈전장에서의 특수 현상과 그 대책〉(1939)에 자세히 드러나 있다.

몇 가지 예를 들면, 부대로 복귀하는 길에 술에 취한 병사가 중국인 민가에 침입하여 처녀를 강간하거나, 병사 세 명이 술에 취하여 강간할 대상을 물색하던 중 중국인 여성을 발견하고는 돌아가며 윤간했다. 술에 취해 총검을 들이대고 여섯 살 소녀를 희롱한 사례도 있었다. 장소를 가리지 않고 부녀자 희롱을 일삼고 군 위문을 온 여학생들에게까지 추태를 부렸다고 한다. 어째서 병사들은 이토록 성욕에 굶주려 있으며 성욕을 억제하지 못하는 걸까? 상하이에 상륙하자마자 어디에 가면 여자를 살 수 있을지 묻고, 전쟁하러 온 주제에 당당하게 위안소로 몰려가는 모습을 본 중국인들은 실소를 금치 못했다고 한다. 또 장교는 그 꼴을 나무라기는커녕 오히려 적극적으로 위안소를 이용하도록 권장했다고 한다. 병사들이 위안소를 찾는 일은 하나의 규정이 되었으며, 위안소를 거부하는 병사들을 오히려 미친 사람 취급했다고 한다.

대일본제국은 종이 한 장으로 일본인 남성들을 사지로 내몰았으며 혐오스러운 '동양의 마귀'東洋鬼가 되기를 독려했을 뿐 아니라, 그들의 성을 관리하기 위하여 '위안소'를 만들었던 것이다. 강간 방지뿐 아니라 기밀이 유출되지 않기 위해서도 필요했다. 또한 성병으로 병력을 잃지 않기 위해서도 말이다. 나아가 언제 고향으로 돌아갈

지 기약도 없이 오늘 죽을지 내일 죽을지 모르는 상태에서 전투와 행군을 계속해야 했고, 불합리하더라도 상관이 명령하면 절대 복종을 해야 했던 병사들의 불만과 분노, 전쟁에 대한 혐오감이 상관이나 국가로 향하지 않도록 하기 위한 목적도 있었다. 무엇보다 "상관의 명령을 따르는 것이 바로 짐의 명령을 따르는 것과 같다는 것을 명심하라"라는 '군인칙유'軍人勅諭가 병사들을 옥죄었기 때문이리라.

아울러 하야오 도라오 중위는 '위안소'를 이용하도록 강제한 것은 병사를 '성욕의 노예'로 취급했기 때문이며, 이는 강간을 방지하기는커녕 오히려 강간을 빈발하게 하는 원인이 되었다고 지적한다.

만약 상대방이 여동생이나 연인이었다면 과연 그럴 수 있었을까? 그것이 가능했던 또 다른 이유는 메이지 이후 마련된 공창제도이며, 또 청일전쟁, 러일전쟁 이후 아시아인을 멸시하는 사고방식이 일본 사회에 깊이 스며들어 있었기 때문이다. 이에 더하여 군에 입대한 사람들을 괴물로 만들어 버리는 신병훈련이 있었다.

중국귀환자연락회中國歸還者連絡會 히로시마 지부의 데쓰무라 고鉄村豪 씨의 증언을 들어 보자. 그는 5사단 후지부대에 동원되었는데, 포로를 산 채로 묶어 놓고 '찌르기' 훈련을 받은 적이 있다고 한다. 앞서 노청자 씨의 증언에 등장했던 '담력 시험'과 같은 맥락이다.

"신병은 군복을 입고 있긴 하지만 정신적으로는 아직 민간인입니다. 살아 있는 사람을 맨 정신으로 찌를 순 없겠죠. 하지만 전선에서 명령을 위반하면 총살입니다. 불교나 기독교 신자들이 도저히 못하겠다고 주저앉자 군홧발로 짓밟았습니다. 군화 뒷굽에 달린 징으로 무참하게 말이죠. 사람을 아무렇지도 않게 죽이는 인간이 되지 않으면 용납되지 않았습니다. 평화로운 지방에서 온 사람들에게 사람을 죽이도록 훈련시키는 겁니다. 눈을 감고 푹 찌릅니다. 빠지지 않으면 힘껏 잡아 뺍니다. 밤에 잠을 이루지 못합니다. 밥도 먹지 못합니다. 얼굴이 떠오릅니다. 그 짓을 반복하는 사이에 아무렇지도 않게 됩니다. 그리고 부대에 새로 신병이 들어오면 이들이 선임이 되어 두들겨 패고 마귀로 변모시키는 노력을 하게 되죠."

병사들의 먹을거리는 현지에서 조달하는 것이 기본이었다. 다시 말해 중국인 민가에서 식량을 비롯한 온갖 물자를 약탈하는 것이었다. 이들에게 도둑질은 당연한 일이었다. 때로는 어떤 마을이 수상하다는 이유로 약탈과 강간, 학살, 방화 같은 만행을 저질렀다. 데쓰무라 씨가 소속된 후지부대는 두 마을을 신사군新四軍의 근거지로 몰아 몰살해 버렸다고 한다(데쓰무라 씨는 그때 본부에 가 있어 민간인 학살에 참가하지 않았다고 한다).

봄이 되어 물이 따뜻해진다는 것은
이런 날을 두고 하는 말이리라.

샛강의 물이 빛나고 있다.

버드나무 가느다란 가지에서 잎사귀가 움트고 있다.

농부의 아낙은 앞 바구니에 어린 소녀를

뒤쪽 바구니에 싱싱한 야채를 담아

오후의 밭에서 돌아오고 있다.

성 밖에서 나지막한 피리 소리가

아름다운 원을 그리며 들려온다.

밭에서 밭으로 말을 거는 농부의 목소리는

마치 노래 같구나.

하지만 총을 잡는 오늘의 마음에는

더 이상 옛날과 같은 무지개는 없다.

나의 귓전에 총성이 울린다.

어린 풀이 불타 버린 성벽 밑에서

나는 다섯 번째 발을 조준을 한다.

다나베 도시히로田辺利宏 씨가 1940년 3월 12일에 쓴 시다. 그는
니혼대학 법학부를 졸업한 뒤, 히로시마 현 후쿠야마 시의 고등여
학교 교사로 부임했다. 교사를 천직으로 알고 생활하던 중 징병되
어 중국 각지를 전전하다 1941년 여름, 스물여섯 나이에 전사했다.

다나베는 혹독한 훈련과 전투를 치르면서도 생생한 일기와 시를

남겼는데, 이 시는 그가 쑤저우蘇州에서 신병훈련을 받을 때 쓴 것이다. 아름답고 평온한 무릉도원 같은 마을에 살인 기계의 정교한 톱니바퀴에 끼인 젊은이들의 비명소리가 들리는 듯하다.

일정한 훈련 기간을 거치고 나면 중국 각지에서 벌어지는 실전에 투입되었다. 괴테와 랭보를 즐겨 읽던 젊은 교사도 '동양의 마귀'의 일원이 되어 버렸지만 날카로운 시선만큼은 무뎌지지 않았다. 그가 남긴 일기는 황군의 정체를 알려 주는 귀중한 자료가 되고 있다. 몇 가지 예를 들어 보자.

"한 분초分哨(소초에서 파견하는 경계 조직의 가장 아래 단위 – 옮긴이)가 밭에 있는 나무마다 포로들을 몇 명 묶어 놓았다. 그중에는 단발머리 젊은 꾸냥姑娘(처녀를 뜻하는 중국어 – 옮긴이)도 두 명 정도 섞여 있었다."

"좁은 도로에 병사들이 넘쳐났다. 배를 채울 저녁 식량을 구하느라 밖은 굉장히 소란스러웠다. 집집마다 굳게 닫힌 문을 부수고 식량을 빼앗았다. 지나인(중국인을 비하하는 말)이 우리 일본인들을 일컬어 '강도'라고 집집마다 담벼락에 써 붙여 놓았는데, 그야말로 강도처럼 필요한 것들을 약탈했다."

"엊그제 밤 분초에서 중국인 세 명이 잡혔다고 한다. 마침 총검으로 찔러 죽이려는 찰나였기에 사람이 어떻게 죽는지 궁금해 그 곳으로 가 보았다. …… 처형을 집행하는 자는 신병이다. 한 노인은 좁은 길 위, 좌측 잡목 그늘진 곳으로 끌려 나왔다. 그는 곁눈질로 신병을 보았다. 첫 번째 사형 집행이 이루어졌다. 헐떡이는 숨소리가 들렸다. 하지만 노인은 쓰러지지 않았다. 신병이 그의 옆구리를 찔렀기 때문이다. 두 번째로 찌른 검은 등 뒤로 조금 튀어나왔다. 상처에서 붉은 피가 흘러 나왔지만 노인은 아직 쓰러지지 않았다. 깊게 헐떡이는 소리가 들렸다……." (다나베 도시히로, 《밤의 춘뢰》)

기록 곳곳에 '위안소'라는 단어가 등장한다. 다나베는 신안新安이라는 곳으로 이동한다. 그곳 주민들은 지금까지 지나 온 곳 주민들보다 한층 걱정스러운 눈초리로 바라보는 듯해 외롭다고 남겼다. 다나베는 도착한 다음날, 벙커 보초병에게 식사를 날라다 주는 자리에서 '위안소'를 안내받았다.

"작은 체구의 반도인(조선인을 비하하는 말)이 서너 명 있었다. 닛코칸日光館이라는 위안소가 한 채 있었다. 아직 익숙해지지 않아서 그런지 어디를 보아도 쓸쓸함이 느껴진다. 북쪽에서는 여전히 총성이 들린다."

다나베 일행이 신안으로 이동한 것은 상하이에 온 지 1년 반이 지나서였다. 다나베가 전투를 수행하면서 외롭다고 느꼈던 그 땅에 조선인 소녀들이 끌려왔다. 그녀들은 얼마나 괴롭고 또 외로웠을까. 그 뒤 소녀들에 대한 이야기가 두 차례 더 나온다. 소녀들이 마음에 너무나 걸렸던 다나베는 다음과 같은 시를 남겼다.

한 소녀

이름은 모른다

얼굴도 모른다

알고 있는 것은

정확히 50년 전, 1941년 6월

중국 장쑤 성 남쪽 신안링新安嶺의 '닛코칸'에 있었다는 것 뿐

이따금 총성이 들린다

"어디를 보아도 자꾸자꾸 외로움이 밀려 온다."

병사 하나가 남몰래 일기를 쓴다

침략 황군의 계속되는 감시 속에

"어떤 초소 두 군데가 전멸당했다고 한다"고

그런 최전선에

그대는 끌려와서

굶주리고

허리까지 푹 빠진 채 강을 건너

옥수수 밭으로 들어가 옥수수를 훔친다

그리고 밤에는

내일 어찌될지 모르는 거친 병사들이

복숭아꽃 같은 어린 생명을 거칠게 다루고

조센삐라고 업신여기고

전쟁은 그 후로 4년 동안이나 계속되어

"고향은 너무도 멀고

그곳에서 밭일하시는 아버님은

강가에서 빨래하시는 어머님은

신부수업까지 시켜 준다고 했던 일본의 공장에서

건강히 내가 일하고 있다고 지금도 믿고 계실는지"

매일 밤

소녀의 가슴에 쌓인 눈물을

속아 넘어간 분함을

아아, 매일 밤 주머니에 담으면

이 지구에 가득 차서 터져 버릴 텐데

한 소녀

이름도 모른다

얼굴도 모른다

그 뒤 행방도 모른 채

십수 년이 흐른 지금 그대를 찾을 길이 없네

그대의 한은 지금도 여전히 이어지고 있을 텐데

— 다나베 도시히로,《밤의 춘뢰》

7월 중순, 다나베가 소속된 부대는 화이인淮陰으로 주둔지를 옮
겼다. 그는 8월 4일에 숨을 거두었다. 닛코칸의 그 소녀들은 그 뒤로
어떻게 되었을까? 굶주림과 싸우며 최전선을 전전하던 그녀들은 모
두 무사했을까? 설령 전쟁이 끝날 때까지 살아남았다고 하더라도
모두가 고향으로 돌아갈 수 있었을지 장담할 수 없다.

앞서 언급한 것처럼 윤정옥 교수 일행은 중국 헤이룽장 성 스먼
즈石門子에서 옛 '위안소' 터를 발견한다. 그 지역 어딘가에 있다고고
들었지만 정확한 위치를 찾을 수 없었는데, 마을의 한 노인에게 여
쭤 보니 어딘지 알고 있다며 곧장 안내해 주었다고 한다. 덧없이 죽
어 간 '위안부'들은 고국에서 자신들을 찾아와 주길 얼마나 고대했
을까.

"마을에서 1킬로미터 정도 떨어진 곳에 있는 작은 산에 묘가 있
었어요. 산꼭대기 반대쪽 움푹 팬 땅에 잡초와 낙엽이 가득 쌓인
동그란 봉분이었어요. 우린 쌓여 있던 잡초와 낙엽을 쓸어 내렸지

요. 점점 할 말이 없어졌죠. 몇몇 조선인 위안부가 여기에 잠들어 있는데, 아무도 위로해 주는 이 없는 반세기 동안 꾹 참으며 침묵 속에서 잠들어 있었을 영혼을 생각하니 마음이 아팠어요."

일행 가운데 재일조선인 2세인 김영희 씨는 《통일일보》(統一日報, 1992년 8월 8일)에 이렇게 썼다.

11월이 되면 땅도 얼어붙는다는 스먼즈는 너무 추워 벽 안쪽에 10센티 가량의 얼음이 생길 정도라고 한다. '위안소'에는 물론 난방이 되지 않았다. 감기라도 걸리면 폐렴, 결핵으로 이어지기 십상이었다. 사망하면 그대로 밖에 내버려졌는데, 다음날 아침 들개가 사체의 엉덩이를 물어뜯었다는 증언도 있다. 말대꾸를 했다는 이유로 맞아 죽은 뒤, 가마니에 담겨 산에 버려진 여성도 있다고 한다. 그런 식으로 수많은 소녀들이 죽어 간 것이다.

윤 교수 일행은 한국에서 가져간 물과 흙을 뿌려 주고, 향을 피우고, 쌀, 과일 등을 올려 제사를 지냈다. 그리고 주변에 봉선화 씨앗을 심었다.

"어서 비가 내려 빨리 꽃이 피기를 기도했는데, 신기하게도 돌아가는 길에 갑자기 비가 내리기 시작했습니다."

그로부터 얼마 지나지 않아 그곳에 봉선화가 피었다는 소식을 전해 왔다.

50여 년이 흐른 지금, 봉선화에 둘러싸인 그녀들은 조금이나마 안식을 얻었을까?

　중국 각지에, 그리고 일본이 침략한 아시아·태평양 지역 각지에, 얼마나 많은 소녀들이, 지금까지 꽃 한 송이 바칠 수 없는 머나먼 그곳에 외롭게 묻혀 있을까?

4

전쟁 말기의 광기 속에서

아아 산을 넘고 산을 넘어
머나먼 만리길을 정신挺身이라는 이름으로
상등병에게 붙잡혀
나의 몸은 찢겨졌다

공습으로 공장을 탈출하여

• 가와세 마키코의 르포 〈3〉

1941년 12월 8일, 일본이 진주만 공격과 말레이반도 상륙을 계기로 미국과 영국에 선전포고를 하던 날, 나는 초등학교 3학년이었다. 그날 라디오 속보를 들으며 아버지와 언니들이 무척 흥분했고, 조례 시간에 교장 선생님이 평소보다 심각한 어조로 일본이 미국·영국을 상대로 전쟁을 시작했다고 전하며 걱정했던 일을 기억한다. 어린 나이였지만 나도 걱정이 되었다.

수신修身 시간에는 그 어렵다는 〈개전 칙서〉開戰の詔書를 열심히 공부해야 했다.

"충칭에 남아 있던 정권은 미국과 영국 두 나라의 도움을 기다리면서 내부 분쟁을 아직도 멈추지 않고 있다. 영미 양국은 잔존 정권을 지원하는 것으로 동아시아의 동란을 조장하고 평화라는 미명 아래 동양 제패라는 분에 넘치는 야망을 떨치려 한다."

1938년 1월, 일본 정부는 "국민정부는 상대하지 않겠다"며 중국을 정부로 인정하지 않을 것임을 공표하였다. 이미 일본측도 7만 명의 사상자가 나온 상황이었다. 그럼에도 대일본제국은 전쟁 야망을 버리지 않고 중국 전 지역을 식민지로 지배하려 했다. 해안과 평야에 근접한 도시는 거의 제압되었지만, 국민정부는 스촨四川 분지의 충칭으로 옮겨 항일 태세를 굳건히 하고 있었다. 일본의 '적'은 중국의 모든 인민이었기 때문에 이를 유지하는 것만으로도 벅찼다. 점차 수세에 몰린 일본군은 이른바 '3광 작전'三光作戰이라는 방화, 살인, 약탈이 포함된 작전을 명령했다. 여기에 무자비한 인체 실험과 세균전까지 계획했던 일본은 '동아시아의 재앙' 그 자체였다.

중국의 자원을 약탈하기 위해 일으켰던 전쟁에서 자원이 소진되자 다시금 자원을 손에 넣기 위해 새로운 전쟁을 시작한 것이다. 그때가 12월 8일이었다는 것을 패전하고 나서야 알게 되었다. 이후 매월 8일은 '대조봉재일'大詔奉戴日이라고 하여 학교에서는 흰 쌀밥 한가운데 붉은 매실장아찌 한 개만 넣은 '히노마루 도시락'日の丸弁当를 가져오도록 했다. 선생님들은 점심시간마다 학생들 사이를 돌며 도시락을 검사했다. 만약 쌀밥과 장아찌 외에 다른 반찬이 나오기라도 하면 "병사들의 고생을 잊은 것이냐" 하며 크게 야단쳤다고한다. 그때는 흰 쌀밥이 밋밋해서 먹기 싫었지만, 물자가 점점 부족해지자 그마저도 구하기 힘들어져 버렸다.

배급받은 현미를 넣고 막대기로 찧어 열심히 정미해서 먹어야 했다. 얼마 안 있어 쌀, 설탕, 채소를 찾아 볼 수 없게 되었다. 호박이나 감자류가 주식이 되었다. 심지어 길가에 난 잡초마저 서로 먼저 뜯

어먹어야 하는 상황이 되고 말았다. 결국 영양실조로 온몸에 부스럼이 생겼다.

"1941년 7월 25일. 흐리고 무더운 날씨. 밤 시바구치芝口에 있는 긴페에金平衛에서 식사를 했다. 듣자 하니 이 가게 요리사도 소집되어 다음 달 초에 다카자키高崎에 있는 병영으로 가야 한다고 한다. 소식에 따르면 일본군은 이미 프랑스령 인도차이나와 네덜란드령 인도네시아 두 곳을 모두 침략했다고 한다. 지난번 동원된 것은 어쩌면 그 때문일지 모른다. 이 소문이 정말 사실이라면 일본군의 소행은 규슈九州 전란을 틈타 화재 현장에서 도둑질을 했던 것과 다를 바 없다. 일본군의 행동은 다른 사람의 약점을 이용하여 사리사욕을 채우고 인의와 자애의 마음을 저버린 행동인 것이다. 이러한 무자비한 행동은 머지않아 일본 국내 각 개인의 성품性行에도 적지 않은 영향을 끼칠 것이다. 암묵적으로 강도를 좋은 것이라 가르치는 것과 같다."(나가이 가후,《斷腸亭日乘》)

개전 전야, 작가 나가이 가후永井荷風는 이미 일본의 앞날을 내다보고 이와 같은 일기를 남겼다.

또 1943년 5월 17일 일기에는 시바구치에 있는 요리점 '긴페에'의 여주인은 백미가 없어서 배급받은 현미를 됫병에 넣고 정미를 직접했다고 기록하고 있다. 6월 25일에는 도깨비가 나오는 연극 〈신케이카세네가후치〉真景累ヶ淵가 국가 정책에 반한다는 이유로 가부키좌

에서 공연이 금지되었다. 나가이 가후는, 유사 이래 여러 야만 국가가 존재했지만 "현대 일본처럼 저속하고 우스꽝스러운 정치가 행해진 일은 그 전례를 찾아볼 수 없다"며 분개했다. 그해 9월에는 공습에 대비해 우에노 동물원 맹수들한테 약을 먹여 죽였다고 한다.

이듬해 1944년 8월부터 미군의 본토 상륙을 대비한 죽창 훈련이 시작되었다. 어린 학생들은 우에노를 출발해 소개지로 향했다.

"나아가라 1억 불 구슬들이여"進め一億火の玉だ라는 광기 어린 슬로건을 부르짖었는데, 이 '1억'이라는 숫자 안에 식민지 타이완인 1천만 명, 조선인 2천만 명이 포함되어 있었다는 것을 최근에야 알았다. '천황의 적자'天皇の赤子인 일본의 아이들은 '총알'의 역할을 수행할 수 있을 때까지 약간의 시간이 주어졌고, 그 기간이 지나면 부모를 떠나 소개해야 했다. 이와 달리 조선의 어린 소년 소녀들은 공습이 격렬한 일본의 군수공장 노동자로 가차 없이 차출되어 갔다.

나고야의 미쓰비시중공업 항공기 제작소 도토쿠道德 공장에는 3백여 명의 조선인 소녀들이 '정신대'挺身隊라는 이름으로 끌려와 있었다. 1944년 5월의 일이었다. 불행하게도 그해 12월 7일 발발한 지진으로 이 가운데 다섯 명의 소녀가 사망했다. 이들에게 예법과 재봉을 가르쳤던 한 교사의 증언에 따르면, 대략 13~16세 정도의 여학생들이었다고 한다.

서울에서 만난 강덕경(1929~1997) 씨도 이 '정신대'로 도야마 현에 있는 후지코시강재공업不二越鋼材工業에 열다섯 살 때 끌려갔다고 한다. 이후 그녀의 삶은 크게 뒤틀려 버렸다.

경상남도 진주 수창마을에 살던 강덕경 씨는 1944년 봄, 요시노吉野 국민학교 고등소학교 1학년에 진학한다. 그러나 얼마 되지 않아 담임선생님이 가정방문을 와서 "근로여자정신대에 가렴. 돈도 벌 수 있고 공부도 시켜 준다는 구나" 하며 강덕경 씨에게 권했다고 한다. 목적지가 일본이라는 것 말고는 아무것도 몰랐지만, 다들 가는 곳이라고 생각해 정해진 날 집합 장소에 나가니 50명 정도 있었다. 그 가운데 같은 학교 출신 여학생은 두 명이었다. 성적이 좋은 학생 위주로 뽑았던 것 같다고 회상했다. 기차를 타고 부산으로 가던 중 마산에서 50명이 합류했다. 부산에 도착하여 하룻밤 묵고 다음 날 아침 현청県庁 앞에 모이니 어디에선가 50명이 더 늘어 모두 150명이 되었다.

일본인 지사의 훈시에 이어, 반에서 1등을 놓치지 않았던 강덕경 씨 친구가 대표로 인사를 고했다. "대일본제국을 위하여, 천황 폐하를 위하여, 도야마 후지코시 정신대 일원으로 가서 열심히 일하겠습니다."

그때 비로소 목적지를 알게 되었다고 한다. 배에 오르자 150명의 여학생들은 일제히 애써 참았던 눈물을 흘렸다고 한다. 하늘에는 비행기가 날고 있었고 양 쪽에는 감시선이 떠 있었다. 다들 처음 타는 배였기에 심한 멀미에 시달렸다.

　도야마 현 후지코시 공장은 매우 컸다. 공장 부지가 진주에 있는 웬만한 동네보다도 넓은 것 같았다. 기숙사도 규모가 컸으며 지역별로 12~13명이 한 방에 배정되었다. 후지코시 공장에 도착해 일주일 동안은 공장을 견학하며 일을 배웠다. 강덕경 씨는 선반 일을 담당하게 되었다. 그리고 마지막 하루는 바다가 보이는 신미나토新湊로 나들이를 나갔다. 그곳에는 조선인들이 많이 살고 있었다. 후지코시 공장에 도착한 지 일주일이 지나자 노동이 시작되었다. 기숙사에서 공장으로 이동할 때는 항상 줄을 맞춰 군가를 부르며 행진했다. 도야마 현은 겨울에 눈이 많이 내리기 때문에 건물과 건물 사이에는 눈이나 비를 막을 수 있는 지붕이 설치되어 있었다. 공장 주위는 온통 초원으로 둘러싸여 있었는데 배가 고플 때는 그곳에서 풀을 뜯어 먹기도 했다고 한다.

　가장 견디기 힘든 것은 배고픔이었다. 보통 급식은 방마다 번호가 적혀 있는 밥통을 당번이 방으로 가져왔다. 말이 급식이지 12명이 나누면 젓가락으로 한 알 한 알 세어 먹을 만큼 적은 분량이었다. 하루는 콩으로 만든 삼각형 빵을 나눠 주길래 기뻐하며 먹었는데, 알고 보니 그게 점심이었다. 점심시간에 일본인들이 도시락을 먹고 있는 모습을 보면서 모두가 울었다고 한다.

어떤 날은 야근을 마치고 배고픔을 참지 못해 담임선생님 방에 몰래 들어가 수북하게 쌓여 있는 마른 오징어를 훔쳐 먹었다고 한다. 너무 허겁지겁 많이 먹은 탓에 탈이 나 병원 신세를 지기도 하고, 또 어떤 날은 기숙사 다른 방 밥통까지 가져와 먹어 버렸다. 덕분에 그 방 사람들은 모두 굶었다는 소리를 듣고 울었던 적도 있다. 월급은 나중에 한꺼번에 정산해 준다고 하면서 한 푼도 주지 않았다.

"일은 고되고, 항상 배고픈 생활이었지만 '천황 폐하를 위해 군인들은 죽어 가고 있다. 그런데도 지금 배가 고프다고 불평하는 놈은 국민도 아니다' 하고 호통을 치는 통에 참을 수밖에 없었어요. 도야마의 겨울은 눈이 많이 내리고 비도 자주 내렸습니다. 공장 안에는 일본 여성들도 있었지만, 그이들에게는 쉬운 일을 시키고 조선 여성들에게는 어렵고 힘든 일을 시켰습니다. 또 하루 종일 줄곧 서 있었기 때문에 발이 늘 부어 있었습니다. 밤이 되면 이불을 뒤집어쓰고 서러움에 북받쳐 울었습니다."

마산에서 후지코시로 연행된 유진이 씨는 이렇게 증언했다.

도야마 올 땐 기뻤지만
하룻밤 지나 슬픔으로 바뀌었죠
언제쯤이면 이 공장을 떠날 수 있을까요

언제쯤이면 후지코시를 떠날 수 있을까요
늘 돈 때문에 울고 또 울어요

유진이 씨와 동료들은 서로서로 기대어 이렇게 노래했다고 한다.

힘든 나날을 눈물로 지새우던 강덕경 씨는, 새벽 무렵 감시가 허술한 틈을 타 친구와 함께 기숙사를 탈출해 전에 봐 두었던 신미나토에 있는 조선인 집으로 피신했다. 그곳에서 밥을 배불리 먹고 있는데, 얼마 안 있어 공장 선생님 둘이 와서는 모범생이 이런 짓을 해선 안 된다며 끌고 나갔다고 한다.

강덕경 씨는 거기서 포기하지 않고 모두가 깊이 잠든 밤에 친구와 또 다시 탈출을 시도한다. 하지만 조선인 집으로 가면 저번처럼 잡힐 게 뻔했고 수중에 가진 돈도 없었다. 길도 모른 채 한밤중에 공장을 빠져 나와 어떻게 해야 할지 몰라 허둥대고 있는데, 어디에선가 군인이 차를 타고 나타났다. 정신을 차려 보니 군인 차에 태워져 있었다. 운전수와 군인 그리고 자신 이렇게 셋만 있었고 친구는 옆에 없었다. 그 군인이 어디에서 왔는지는 아직도 수수께끼이지만, 나중에 알게 된 바로는 그 근처가 비행기 생산 공장이어서 군인들의 출입이 잦은 곳이었다고 한다.

강덕경 씨를 태운 차는 계속 달리다 강과 산이 있는 곳에 멈췄다. 그러고는 차에서 내리게 한 뒤 낮은 산으로 끌고 가 아무것도 모르는 채 군인에게 강간당했다.

그 후 군인과 차에 타고 다시 이동했다. 강덕경 씨는 충격을 받았고 몸도 너무 아팠기에 그저 멍하니 있을 수밖에 없었다고 한다. 이윽고 차는 작은 부대가 있는 곳에 도착했다. 군부대 바로 옆에는 텐트 같은 곳이 있었는데, 군인은 그곳에 들어가 있으라고 명령했다. 그 안에는 이미 조선인 여성 대여섯 명이 있었다.

나흘 정도 지났을 무렵, 강덕경 씨를 처음 강간했던 군인(고바야시라고 했다)이 다시 찾아와 난폭하게 강간했다. 그로부터 며칠이 지난 어느 날 밤, "담요를 가지고 따라와!" 하더니 산 쪽으로 끌고 갔다. 어둠 속에서 담요를 깔라고 하더니 그곳에서 몇 명의 군인들이 또 강간을 했다. 너무 아픈 나머지 걷지도 못하게 되자 군인들은 양팔을 거칠게 붙들고 텐트로 끌고 갔다. 텐트에는 하루에 보통 대여섯 명씩 찾아왔다. 하지만 가끔씩 산에 끌려가기라도 하는 날이면 평소보다 더 많은 군인들을 상대해야 했다.

그러던 어느 날, 이동한다고 하며 트럭에 군인들을 가득 태우고 출발했다. 강덕경 씨는 맨 뒤 트럭에 탄 채 함께 이동했다.

그렇게 도착한 곳은 민가도 군데군데 있고 저 멀리 산들이 쭉 펼쳐져 있었다. 주변에 논밭도 보였다. 나무로 만든 집에 들어갔더니 오른쪽 방에 조선인 여성 20여 명 정도가 있었다. 그곳 여성들은 예전 부대보다는 비교적 자유롭게 드나들고 있는 듯 보였다. 그 가운데 남자도 있었다. 그 남자들은 계급장을 달고 있지 않았기 때문에 군인은 아니었을지 모른다. 처음 강덕경 씨를 강간한 군인은 빨간 견장에 별을 세 개 달고 있었고 "난 헌병 상병이다"라고 말했다고 한다. 그는 '위안소'에 자주 드나들었는데, 건빵이나 사탕, 약 따위를 가져다주기도 했다. 얼마 안 있어 열다섯 살 소녀는 성병에 걸렸다.

그곳에는 스무 명이 좀 넘는 여자들 중 나이가 좀 있어 보이는 여자가 있었는데, 그녀는 드나드는 남자들에게 "이 자식아!" 하며 자주 욕설을 퍼붓곤 했다. 그런 그녀가 강덕경 씨에게는 친절했다고 한다. 강덕경 씨는 그녀에 대한 고마운 마음을 담아 군가를 개사하여 불러 주며 함께 울곤 했다고 한다.

아아 산을 넘고 산을 넘어
머나먼 만리길을 정신挺身이라는 이름으로
상등병에게 붙잡혀
나의 몸은 찢겨졌다

수십 년이 흐른 지금, 강덕경 씨는 그 노래를 일본어로 조용히 부르고 있다. 이 노래는 "아아 저 얼굴로 저 목소리로"라는 가사로 시작되는 군가(野村俊夫 작사·古関裕而 작곡)였다. 이 노래는 어렸을 때 나도 자주 불렀기에 매우 익숙한 멜로디였다. 그러나 이 노래 안에 무자비한 살인과 강간이 도사리고 있을 줄은 생각도 하지 못했다.

강덕경 씨는 그 당시 자신이 있는 곳이 어디인지 알고 싶었다. 전에 있던 도야마와는 얼마나 떨어져 있는지, 도야마로 다시 돌아갈 수는 없는지. 그러던 어느 날 밤, 그 상등병이 '위안소' 정원 연못으로 불러내었다. 강덕경 씨는 바위에 걸터앉아 물어 보았다.

"여기 어디에요?"

"그건 비밀이다. 묻지마."

상등병이 대답했다. 그래도 포기하지 않고 계속 물으니 상등병은 "쉿" 하더니 주위를 경계하며, "이곳에 천황 폐하가 소개疏開하러 온다"고 말하는 것 같았다.

처음 나와 보는 정원이었지만, 오른 편에 큰 소나무가 있었고 주위에 민가도 보였다. 그곳으로 도망치고 싶었는데, 군인들이 자주 드나들어 탈출이 쉽지 않아 보였다.

언니처럼 따르던 동료에게 이곳이 어디인지, 도야마 현을 아느냐고 물어 보았다. 그러자 "알고 있지만 아주 멀다"고 했다. 여기는 아오야마青山 아니면 마쓰야마松山일 거라고 말해 주었다.

그러던 어느 날 언니는 "남쪽에서 많은 군인들이 몰려올 거야. 너를 숨겨 줄 수도 없고, 어쩌니" 하며 걱정했다. 아나나 다를까 얼마 안 있어 언니의 말대로 셀 수 없을 정도로 많은 군인들이 몰려와 강덕경 씨를 범했다.

이처럼 태평양전쟁 말기, 해가 바뀌는지 해가 시작되는지도 모른 채, 열여섯 살 어린 소녀는 '위안소'에 감금되어 하루하루를 보내고 있었다.

그렇다면 강덕경 씨가 있던 그곳은 대체 어디였을까? 천황이 피신해 올 거라던 병사의 말을 토대로 추정해 보면, 당시 육군이 나가노 현에 극비리에 건설 중이던 '마쓰시로 대본영'松代大本営(천황 직속의 전쟁 총지휘 본부 - 옮긴이)이 아니었을까 한다. 이곳은 연합군의 일본 본토 상륙에 대비해 마련한 안전한 장소로, 쇼와 천황이 '3종의 신기'三種の神器(천황을 상징하는 세 가지 보물 - 옮긴이)와 함께 거처를 옮기려 한 곳으로 알려져 있다. 당시 천황이나 군에게 중요했던 것은 국체国体, 곧 국가의 체면이었기 때문에 국민들의 목숨은 어떻게 되든 상관없었다.

밤낮 없이 강행된 공사 가운데 시라토리白鳥 산에 있는 지하 참호(대본영과 임시 천황의 거처)와 조象 산에 있는 지하 참호(정부기관, NHK)는 패전이 임박해서 완성되었다. 이 지하 공사가 가장 위험한 것으로 손꼽혔다고 한다. 하루에 1만여 명이 공사에 동원되었는데, 그 가운데 7천 명 넘는 사람이 조선인 노동자들이었다.

"인간 도깨비였어요. 옷이고 뭐고 온통 기름 범벅이었는데 비누칠을 못해서 엉망이었죠. 수건으로 닦는다고 기름이 닦이겠어요? 그야말로 생고생이 따로 없었어요. 옷이 너덜너덜해져 살이 드러나도 우리가 알아서 꿰매야 했어요. 발파 장치가 터져 사람이 죽는 경우도 있었어요. 아직도 밤잠을 자주 설치곤 하는데, 지하에서 지내던 장면이 생생하게 떠올라요."

다이너마이트를 터트려 감독관을 죽이고 자신도 죽었으면 좋겠다는 생각을 얼마나 했는지 모른다. 말을 꺼내면 가슴 아픈 이야기가 너무 많지만, 이라며 증언한 최소암 씨. 그녀는 바로 이 조 산 지하 참호로 끌려갔다고 한다. 전쟁이 끝난 후에도 마쓰시로에 거주하다가 얼마 전 세상을 떠났다.

현재 마쓰시로에 있던 '위안소' 한 곳이 확인되었다. 지금은 아파트가 들어섰지만, 곁을 지키고 있는 소나무만 당시의 흔적을 보여주고 있다. '위안소'에는 조선인 위안부 네 명이 있었는데, 밤마다 찾아오는 장교들의 술자리에 가서 성 접대를 해야 했다고 한다.

날 위해 울어 주는 사람은 도시코 한 사람뿐이야
• 가와세 마키코의 르포 〈3-2〉

강덕경 씨가 일본 본토에서 군인들에게 감금당한 채 강간당할 무렵, 타이완으로 끌려간 이용수 씨 역시 '위안부' 신세가 되었다. 이용수 씨가 끌려간 곳은 전투모를 쓴 남자의 집이었다. 그곳에는 기모노를 입은 여성이 열 몇 명 정도 있었다. 그 남자의 본처는 일본인이었고 첩은 조선인이었다. 조선인 첩은 이용수 씨를 동생처럼 예뻐해 주었다. 둘이 조선말로 대화라도 나눌라 치면 전투모를 쓴 남자가 "왜 조선말을 쓰는 거야!" 하며 첩을 때렸다. 그곳에는 특공대 기지가 있어 군인들은 타이완이나 오키나와에 폭탄을 싣고 가는 듯했다.

전투모를 쓴 남자는 이용수 씨에게 "군인을 상대하라"고 명령했지만 "싫어!" 하며 반항했다. 그러자 남자는 머리채를 잡고 끌고 가서는 전깃줄로 두 손목을 묶고 몸에 전기고문을 가했다. 이용수 씨는 정신을 잃었다.

정신이 들고 보니, 여자들이 다가와서,

"이대로 가면 죽임을 당할지 모르니 시키는 대로 하는 편이 좋을 거야"라고 말했다. 그날부터 이용수 씨는 '위안부'가 될 수밖에 없었다.

특공대 군인들이 하루에 3~5명 출입했다. 하루도 빠짐 없이 그들을 상대했다. 그 무렵 이용수 씨의 나이는 인생에서 꽃이 피기 시작한다는 열여섯이었다. 어느덧 이용수 씨는 '도시코'라는 이름으로 불렸고, 군인들에 의해 임질이 옮았다. 말라리아에도 감염되었다.

그녀는 수많은 군인들 가운데, 특히 '하시카와'라는 이름의 병사를 또렷이 기억하고 있었다. 그는 몇 차례 위안소를 찾았는데, 어느 날 갑자기 "내일 죽으러 간다. 특공대로!" 하고 말했다. 이에 "특공대가 뭐에요?" 하고 물으니, "비행기에 폭탄을 싣고 적의 군함을 발견하면 비행기로 돌진하는 거지."

하시카와는 이렇게 말하고는 사진 한 장과 비누, 수건을 기념이라며 건네주었다. 노래도 한 수 지어 주었다. "이 노래는 선물이야. 나는 내일 돌진할 각오가 되어 있으니까. 도시코, 도시코에게 임질도 옮았고 …… 도시코는 내 마지막 연인이야. 내 모든 것을 도시코에게 두고 가니, 당신은 반드시 살아서 어머님이 계신 곳으로 돌아가길 바라. 나는 비록 죽지만, 도시코가 꼭 그렇게 되길 기도할게"

하시카와는 울면서 선물이라던 노래를 몇 번이고 계속해서 불러주었다.

간부후보생 이륙합니다
신주新竹를 지나
은빛 파도, 은빛 파도의 구름을 타고 넘어
아무도 배웅해 주는 사람 없지만
울어 주는 이는
도시코 하나

하시카와는 몇 번이고 노래를 되풀이하며 이 노래를 기억해 달라고 당부했다. 신주라는 곳이 타이완 서쪽 해안에 있는 도시라는 것을 최근에야 알았다.

만약 이 노래를 불러 주지 않았다면 이용수 씨는 자신이 어디에 있었는지도 몰랐을 것이다. 그 후 얼마 지나지 않아 하시카와는 이용수 씨의 꿈에 등장해서 "도시코, 도시코, 어머니 품에 안길 날이 다가오고 있어. 얼마 안 남았어" 하고 속삭였다. 꿈에서 들었던 말을 증명이라도 하듯 타이완을 향한 공습은 점점 격렬해지고 있었다. 어느 날 아침, 식사도 하기 전에 공습경보가 울렸다. 몇 명은 방공호에 들어갔고, 이용수 씨와 친구는 집 지하에 숨었다. 하지만 격렬한 폭격을 피할 수 없었다. 무너져 내린 잔해에 깔려 생긴 상처가 지금도 또렷하게 남아 있다.

"이게 그때 생긴 상처야"

이용수 씨는 정신없이 친구 이름을 불렀다. 친구의 목소리가 들려 왔다. 하지만 꼼짝할 수 없었다. 울부짖다 보니 친구의 다리가 손에 닿아 정신없이 힘껏 끌어당겼다. 친구는 피투성이였다. 이용수 씨도 코와 입에서 피가 났다. 친구와 함께 필사적으로 흙을 파내며 밖으로 나왔다. 하지만 집 바로 앞에 폭탄이 떨어져 생긴 웅덩이에 굴러 떨어져 버리고 말았다. 다행히 친구가 끈을 내려주어 그 끈을 잡고 무사히 빠져나올 수 있었다.

이 폭격으로 인해 다롄에서부터 쭉 함께 했던 '아라이'라는 소녀가 죽었다. 다정하게 대해 준 조선인 언니도 죽었다. 집이 무너진 탓에 근처 텐트 안에 모포만 깔아 놓은 '임시 위안소'가 마련되었다. 그곳도 군인들로 붐볐다. 그들에게 한 사람의 소녀는 인간이 아니라 하반신만 존재하는 동물에 지나지 않았다.

문옥주 씨도 고생스러운 나날을 보내고 있기는 마찬가지였다. 그녀는 1942년 7월부터 꼬박 세 해 동안 '위안소' 생활을 강요당했다. 평일에는 30~40명, 토요일은 40~50명, 일요일은 50~60명의 군인들을 상대해야 했다.

문옥주 씨는 '다테 8400부대'タテ8400部隊와 언제나 함께 이동했다고 한다. 미얀마의 아카브라는 지역으로 이동하는 중 한 언니가 결핵에 걸렸는데, 문옥주 씨가 열심히 간호했지만 끝내 목숨을 잃었다. 화장하여 가까운 바다에 뼈를 뿌리고, 유골 일부를 나중에 고향에 돌아갈 때 가지고 가려고 주머니에 넣어 다녔지만 이동하던 중 잃어버리고 말았다고 한다. 군인들은 입버릇처럼 "조센징" "조센삐" 하며 경멸했고, 생리 중이라고 거절하기라도 하면 "거짓말하지 마!" 하며 마구 때렸다.

문옥주 씨는 너무나 고통스러워 3층에서 몸을 던졌지만 죽지 않았다. 크게 다쳐 석 달을 입원한 후 퇴원했지만, 이전과 다름없는 '위안부' 생활이 기다리고 있었다.

이후 미얀마의 프롬, 양곤, 태국의 방콕 같은 곳을 전전하다 마지막에는 방콕 아유타야에 있는 육군 야전병원에서 부상병들을 간호하는 역할까지 맡게 되었다. 그곳에는 정식 일본인 간호사가 있었는데, 문옥주 씨는 간호와 함께 매일 두 시간 동안 치료와 간호에 관한 교육을 받았다고 한다. 이곳 간호사들에게도 괴롭힘을 당했다. 이처럼 간호사 역할을 맡게 한 것은 아마도 '위안부'의 존재를 미군에게 들키지 않기 위한 책략이었던 듯하다.

열여섯 살 때 일하던 곳 여주인에게 속아 미얀마로 끌려온 이용녀(1926~2013) 씨는 양곤에서도 한참을 더 들어간 곳에 있던 '위안소'로 연행되었다. 깊은 산골 마을에서도 강간이 일어났음을 말해준다. 그곳에서 자살한 여성이 서너 명 있다고 한다. 듣도 보도 못한 산골짜기에서 연이어 강간을 당해야 했던 이들. 고통을 견디지 못하고 자살한 조선인 여성들의 비명소리가 들려오는 듯하다.

5

'위안부'는 왜 만들었나

일본군은 일본인 창기보다 조선인 소녀가
'황군 장병들을 위한 선물'로 적당하다고 판단한 것 같다.
만약 종이 한 장을 들이밀고 일본인 여성들을 연행하라고 했다면,
틀림없이 병사들은 심하게 동요했을 것이다.
또 '성전'에 의문을 품었을지도 모른다.

꽃

　가와세 씨의 르포를 읽고 나니 가슴에 무거운 돌을 얹어 놓은 듯
한 느낌이 들더라.

　물론 전쟁을 하면 어쩔 수 없이 사람을 죽일 수밖에 없겠지. 안
그러면 자신들이 당할 테니까. 그런 점에서 강간을 살인과 같은 무
게로 볼 수는 없을 것 같아. 난 당시 군인들이 '위안소'에 가지 않았
다고 하더라도, 군법을 어겼다고 해서 처벌까지 받았으리라고는 생
각하지 않아. 그냥 좀 다른 사람 취급은 받았겠지만. 그런데 왜 모
든 일본군이 '위안소'를 찾아서 여자들을 괴롭혔던 것일까? 아무리
전쟁 중이라고 해도 아무렇지 않게 줄까지 서면서 어떻게 여자들
을 덮칠 수가 있는 거지? 아무리 생각해도 이해가 안 돼. 그 이유를
가와세 씨께 여쭤 보고 싶어. 그리고 또 왜 여성들 대부분이 조선인
이었는지도 말이야.

　이제 얼마 안 있으면 여름방학이네. 이제야 내 짝사랑 고가에게
편지를 썼단다.

― 유미가

이제 얼마 안 있으면 여름방학이야. 여기도 시험이 막 끝나서 너도나도 들떠 있어. 성적이야 어떻든 말이야. 유미의 편지를 받기 전에 가와세 씨에게 네 번째 르포랑 다섯 번째 르포를 받아 보았어. 그 가운데 네 번째 르포 내용이 아마도 유미의 의문에 답을 줄 수 있을 것 같아.

그나저나 고가에게 드디어 편지를 썼구나. 답장이 오면 좋겠다.

그리고 새로운 소식이 하나 있어. 전에 말한 새로운 친구 후미코한테 가와세 씨가 쓴 르포를 읽어 보라고 건네줬는데, 후미코가 이런 내용으로 편지를 보내 왔어.

"여태껏 말한 적 없지만, 나 한국 사람이야. 가네다 후미코金田文子는 일본식 이름이고 원래 이름은 '김문자'金文子라고 해. 우리 부모님은 할아버지, 할머니 세대 때 일본인들이 토지를 몰수해 버리는 바람에 먹고 살기 위해 일본으로 건너왔다고 해. 가와세 씨 르포를 읽고 일본인이 너무하다는 생각에 한없이 울었어."

난 이 편지를 읽고 정말 깜짝 놀랐어. 이 일이 있고 나서 후미코와 더 친해지게 되었어. 참 그리고 여름방학에 후미코 집에 놀러 가기로 했어. 후미코가 치마저고리를 보여 준다고 했어. 무척 기대돼.

미에는 아사코 언니가 활동하고 있는 여성사연구회에 들어가고 싶대. 그래서 아사코 언니가 다니는 고등학교에 들어가려고 열심히 공부하는 중이야. 아직 2학년인데 각오는 대단한 것 같아. 아마 미에 어머니가 여성사에 흥미를 갖고 계셔서 더 그런 것 같아.

— 아키가

가부장제의 억압 아래에서
• 가와세 마키코의 르포 〈4〉

세계 역사상 유례가 없는 '위안소'라는 곳. 그곳은 병사들이 공공연하게 여성을 윤간하던 곳이다. 그런데 '위안부' 시설이 있다고 하더라도 어떻게 병사들이 줄까지 서가면서 아무렇지 않게 윤간을 할 수 있었던 걸까? 혹시 일본 남성들의 성 관념이 애초부터 왜곡되어 있었던 것은 아닐까?

우선 지적할 것은 메이지 유신 이래 일본은 매우 폭력적인 국가였다는 점이다. 일본은 아시아의 일원이면서 이웃 나라들을 오직 병탄의 대상으로 삼았으며, 온갖 음모와 궤변으로 해외파병을 정당화했던 사실이 이를 뒷받침해 준다.

그리고 1945년 8월 15일 패전에 이르도록 일본은 수많은 전쟁을 일으켰지만, 이웃 나라가 일본을 공격해 온 적은 단 한 번도 없다.

애초부터 명분 없는 침략을 위한 전쟁이었고, 주변국에 이로운 게 없는 잔인하고 무도한 전쟁이었다.

모름지기 밖으로 침략을 저지르는 자는 안에서는 압제를 펼치는 법이다. 이웃 나라와의 관계를 우호가 아닌 폭력으로 관철하고자 했던 대일본제국으로서는 당연한 일이었겠지만, 사람과 사람의 관계를 철저히 지배와 복종 관계로 자리매김했다.

또 국가의 기본이라 할 수 있는 헌법 자체가 천황을 주권자로 한다는 데에 심각한 문제가 있었다. 천황은 신성불가침한 존재였다. 천황에게는 칙령 공포와 선전포고를 비롯하여 육해군의 통솔뿐 아니라, 제국의회를 소집하고 중의원 해산을 명할 수 있는 막강한 권한이 부여되었다. 정작 주권자여야 할 국민은 '신민'臣民으로서 의무에 충실할 때에만 그에 걸맞은 자유와 권리를 부여 받았다.

본디 '신'臣이라고 하는 한자는 아래로 엎드려 위를 올려다보는 모습을 형상화한 것이다. 공손히 시중을 드는 노예, 다시 말하면 가신家臣을 의미한다. 자유민권운동의 열기를 잠재우기 위해 1889년(메이지 22)에 공포된 대일본제국 헌법은 일본의 앞날을 크게 바꿔 놓았다. 이처럼 불평등한 인간관계는 남녀 문제에서도 마찬가지였다. 여성은 천황의 자식일지라도 황위 계승권을 부여받지 못했다. 이러한 남성 우위의 사고방식은 1898년 시행된 메이지 민법에도 깊숙이 투영되어 가족의 거처居所, 입적入籍, 이적離籍, 혼인 등은 모두 법적으로 권력을 가진 호주戶主에게 일임토록 했다. 이른바 '가부장제'의 확립이었다.

이 민법에 따라 혼인한 여성은 호주권, 부권夫權에 근거해 남편의 성姓을 따르도록 했으며, 무엇보다 여성을 '무능력자'로 규정하여 모든 재산을 남편이 관리하도록 했다. 남편이 사망하면 여성은 '가독상속인'家督相續人으로서 단독 상속하게 되는 장남에게 부양받도록 했다.

이러한 불평등한 남녀 관계를 야마시로 도모에山代巴의《갇혀 있는 여자들》囚われの女たち 속에 등장하는 사례를 통해 살펴보자.

우선 시마네 현 고노가와江川에 사는 우이치라는 남자의 아내. 이 여성은 아침 일찍부터 밤늦게까지 베 짜는 일에 시달리며 시부모의 잔소리를 감내해야 했다. 심지어 아이에게 젖을 물리거나 화장실 가는 것조차 눈치를 봐야 했다. 용돈은커녕 자투리 천으로 앞치마를 해 입는 것조차 어려웠다. 남편은 조선에 있는 국경경비 순사를 자원해 나간 지 오래다. 우이치의 아내는 언제 돌아올지 모르는 남편을 기다리며 혹독한 시집살이를 견뎌 내야 했다.

그로부터 24년 후, 드디어 남편이 출세하여 돌아왔다. 시부모들은 그동안 모아 온 돈으로 멋진 기와집을 지었다. 안채를 짓고 별채를 세웠다. 남편은 별채에 다다미를 깔고는 곧 새 여자가 들어 올 거라고 말했다. 시어머니의 성화에 방 청소를 하던 아내에게 남편이

달려와서는, 더러운 발로 다다미를 밟는다며 밖으로 밀쳐 냈다.

바로 그날 인력거를 타고 새 여자와 몸종이 집으로 들어왔다. 새 다다미가 깔린 별채 안에서는 새하얀 비단 버선을 신은 새 여자의 웃음소리가 그칠 줄 몰랐다.

우이치의 아내는 그 후의 일은 전혀 기억하지 못했다. 귓전에 남아 있는 것이라고는 별채에서 흘러나오던 웃음소리뿐이었다.

"어떻게 그 집에 불을 질렀는지 지금도 생각나지 않아요. 그렇게 불을 지른 후, 30년 동안 정들었던 우물 두레박줄을 잡고는 우물 속으로 뛰어들었어요. 누가 나를 구했는지 기억이 나지 않지만, 정신이 들어 보니 경찰서 조사실에 앉아 있었어요."

단순히 아이를 낳는 도구나 노동력을 제공하는 존재로만 취급되어, 우이치 씨의 아내처럼 눈물로 생애를 보내야 했던 여자는 그 무렵 헤아릴 수 없이 많았을 것이다. 또한 아내를 방화라는 범죄의 늪으로 내몰았던 우이치 씨, 또 조선에서는 조선인들에게 비도덕적인 탄압을 가했던 이들이 출세의 가도를 달렸던 것은 분명하다.

가부장이라는 억압, 국가라는 도깨비, 이 두 가지 요소가 여성들을 더욱 고통으로 몰아넣었다.

필리핀 레이테 만 전투에서 남편을 잃은 이와테 현 농민의 아내 이토 도시에伊藤俊江 씨의 경우도 크게 다르지 않다.

"여자 혼자 몸으로 살아가기 쉽지 않지?" 하며 남자들이 히죽히죽 웃으며 말합니다. 이 사람들은 아마 내가 여기서 쓰러져 죽는다 해도 비웃을 거란 생각을 했습니다. 내가 전사자의 아내로서 부끄럼 없이 일 하고 또 일하다가 쓰러져 죽는다면, 그땐 세상 사람들이 진심으로 "도 시에 얼마나 힘들었을까. 가여워라" 하고 말해 줄지 모릅니다. 그리고 남은 아이 넷(남편의 여동생 아이 둘과 자기 아이 둘)을 그냥 지나치지 않고 키워 주실 거라 늘 생각해 왔어요. 정말 죽고 싶다는 생각을 몇 번이나 했는지 모릅니다.

— 기쿠치 게이치·오무라 료 엮음,《그 사람은 돌아오지 않았다》

이 짧은 글 안에는 혼자 몸으로 분투하는 여성을 향한 남자들의 멸시가 잘 나타나 있다. 남편을 잃은 또 한 여성은 밤에 남자들이 강 간하려고 들이닥쳤던 공포를 말하기도 했다.

왜 그런 일들이 벌어지는 것일까? 필시 이 사내들은 결혼을 사랑 하는 이들의 결합이 아닌 하반신의 결합, 섹스의 만족이라고만 여겼 을 것이다. 그들에게도 아내가 있었을 터이기 때문이다. 전쟁 때 "남 자들의 인격은 파탄 나 있었다"라는 윤정옥 교수의 지적을 다시 한 번 생각해 보게 된다. 그리고 그 기원은 가부장제와 공창제에서 찾 을 수 있을 듯하다.

마을에서 딸을 팔던 해는

- 가와세 마키코의 르포 〈4-2〉

전쟁 전, 징병검사를 받고도 유곽을 찾지 않는 사내는 비웃음을 샀다고 한다.

"당시 유곽 같은 곳에서 여자를 사는 일은 사내의 특권이자 남자의 자격 가운데 하나라고 여겼기 때문이다."(무라카미 노부히코,《일본의 부인 문제》)

에도시대 도쿠가와 막부가 여러 다이묘大名의 관심을 돌려놓을 묘책으로 고안해 낸 것이 바로 요시와라吉原 유곽으로 대표되는 대규모 공창제도였다. 당시 정부가 공인한 매춘으로서 에도시대의 공창제도를 더욱 확대시킨 형태였다.

1868년 4월, '은색 깃발'을 휘날리며 에도江戸에 입성한 신정부군은 에도의 부녀자를 몹시 난폭하게 다루었다고 한다. 아이즈会津 공략 때는 난폭함이 더 심해져, "성 아래 마을에 사는 무고한 농민들은 집이 불타고, 재산을 빼앗기고, 강도와 강간이라는 쓰라린 일을 당하여 그 통한이 극에 달하였다."(이시미쓰 마히토,《어느 메이지인의 기록》)

뿐만 아니라 아이즈 공략을 위한 군자금을 충당하기 위해 신정부는 5만 량을 헌납하도록 한다는 약속 아래, 쓰키치築地에 외국인

전용 유곽 신설을 허가하기도 했다.

그러했던 정부가 1872년(메이지 5년) 급작스럽게 '창기해방령'娼妓
解放令을 공포한 것이다. 이는 국제적 비난 여론을 의식한 임시방편
에 불과했다. 이를테면 기존의 유곽이라는 표현을 없애도 '가시자
시키'貸座敷라는 용어를 사용하게 했고, 몸값이라는 말은 '젠샤킨'前
借金이라는 표현으로 바꿔 부르게 했다. 이는 공창제가 여전히 유지
되었으며 오히려 더욱 활발해졌음을 의미한다. 이러한 상황에서 가
난한 집 딸들은 속수무책으로 팔려 나가 남자들의 성적 대상으로
전락하게 된다.

본인이 직접 호적등본을 지참하고 관할 경찰서 창기 명부에 등록
하러 오는 경우라 하더라도, 자신을 고용하고 있는 업자에게 속아
서 오는 사례가 대부분이었다. 창기가 하는 일이 얼마나 끔찍한 일
인지 정작 본인들은 알지 못했다. 그냥 막연하게 남자를 상대로 술
을 따르는 일 정도로 여겼을 것이다. 18세 이상이라는 규정이 있었
지만 열네 살, 열여섯 살 여자아이도 수두룩했다.

본인이 신청하면 바로 그만둘 수 있는 규정이 있었지만, 경찰은
전적으로 유곽업자 편이었기 때문에 유명무실했다. 그만두려면 목
숨을 걸고 탈출을 감행해야 했다. 유곽 입구에는 늘 경비원이나 경
찰이 지키고 있었기 때문에 외출 허가 없이는 쉽게 빠져나갈 수 없
는 구조였다. 탈출에 성공하더라도 경찰의 도움을 받기는 어려웠다.

경찰이 채무 관계를 조사한다는 이유로 업자에게 연락을 취하기 때문이다. 그러면 업자는 '아직 빚이 많이 남아 있다'고 하며 다시 유곽으로 끌고 갔다.

유곽에서 기다리고 있는 것은 폭력이거나 다른 유곽으로 팔려가는 일뿐이었다. 국가가 공인하고 있었기에 업자는 경찰과 손을 잡았다. 그렇기 때문에 경찰은 힘없는 창기를 보호해 주기는커녕 업자의 조력자 역할을 했다.

이리하여 대표적인 유곽지로 손꼽히는 요시와라古原는 해마다 번창했고 전국 각지에 또 다른 유곽들이 신설되었다. 또 그런 유곽의 개설 및 행사에는 정부 관료나 고위급 경찰이 초청되어 야단스럽게 떠드는 것이 당연한 것처럼 되어 있었다. 게다가 업자나 브로커들은 여성들을 멀리 해외에까지 데리고 가서 자신들의 배를 불렸다.

"일본 여성 가운데 해외에 가장 많이 진출한 이들은 바로 매춘부였다. 진출이라기보다는 수출이라고 하는 편이 옳을 것이다. 이전까지 해오던 것과 마찬가지로 업자가 가부장으로부터 딸을 사들이거나 약탈하여, 동쪽으로는 남북 아메리카, 서쪽으로는 중국과 조선, 북쪽으로는 시베리아와 만주, 남쪽으로는 인도차이나, 말레이, 인도, 인도네시아 등 여러 지역으로 수출한 것이다. 이런 일은 물론 업자와 그곳 경찰이 결탁하지 않고는 불가능했을 것이다."(다카무테 이쓰에,《여성의 역사》)

'가니타 여성마을'의 시로타 스즈코 씨도 그 가운데 하나였다.

실제로 다케우치 지에코竹内智惠子의《쇼와유녀고》昭和遊女考,《귀신 쫓기-속 쇼와유녀고》鬼追い―続昭和遊女考 안에는 매춘업에 종사하는 여성들의 애환과 탄식이 생생하게 드러나 있다. 다음은 익명의 여성 이 제보한 내용이다.

"마치 더러운 것이라도 보는 듯한 사람들의 표정이었어. '엉덩이 로 돈을 버는 년,' '매춘부,' '창녀' 이렇게 퍼붓는 험담은 정말 무서 워. 누가 좋아서 유곽 같은 곳을 가겠어. 가난한 농민이나 소작인의 아무것도 모르는 딸들이 빚 진 부모를 위해 팔려 온 지옥이었지. 이 렇게 생활해 온 지 벌써 19년째야. 사람들에게 이렇게 말하고 싶어. 사람을 죽인 것도 아니고 물건을 훔친 것도 아닌데. 내 몸뚱이로 하 나로 일해 왔는데. 그렇게 역겨우면 험담만 늘어놓지 말고 직접 얼 굴을 맞대고 말해 보라고 말이야. 지옥에서 겪은 고통을 들려줄 테 니까."

도대체 세상 어떤 여자가 남자에게 몸을 파는 것이 좋아서 자신 의 몸을 판단 말인가? 분명 여성들은 목적지가 어떤 곳인지도 모른 채 팔려 갔을 것이다. 어떤 여성은 병든 아버지의 약값을 벌기 위해, 어떤 여성은 아버지가 돌아가셔서 남동생과 여동생을 먹여 살리려 고, 또 어떤 여성은 빈농의 집에 태어나 술꾼인 아버지의 빚 담보로 팔려 간 것이다. 그리고 남편을 전쟁에 보내고 남겨진 아이들과 시

어머니를 부양하기 위해 자신의 몸을 판 여인들도 있었다.

이처럼 '몸 파는' 여성들이 쇼와 시대(1926~1989)에 들어 급증하게 되었다는 사실에 유념해야 한다.

1929년(쇼와 4) 10월 14일, 세계 제일의 자본주의 국가 미국 뉴욕에서 시작된 대공황은 일본에까지 파급되었다. 당시 일본 전체 수출량의 40퍼센트가 미국으로 갔는데, 대공황으로 수출이 급격히 줄고 그 결과 1930년 6월, 일본 주식시장도 폭락하게 되었다. 수많은 회사가 도산했고 살아남은 회사들도 직원 감축과 생산 제한이 불가피했다. 일자리를 잃은 사람들은 차비도 마련하지 못해 철도 선로를 따라 걸어서 농촌으로 돌아갔다고 한다. 하지만 농촌 상황도 어려운 것은 마찬가지였다. 미국에 수출하던 누에고치가 더 이상 팔리지 않게 되었고, 풍작으로 농산물 가격이 대폭 하락한 것도 물가에 결정적인 영향을 끼쳤다.

양배추 50포기, 순무 100단은 담배 한 갑과 맞바꿀 수 있을 만큼 시세가 폭락했고, 비료, 농기구류, 소금, 설탕 등은 독점 체제여서 좀처럼 가격이 내려가질 않았다. 실업자들을 떠안은 농촌은 빚만 계속 늘어나는 상황이었다. 더구나 1932년 냉해가 도호쿠 지방을 휩쓸어 곱절로 타격을 받았다. 이처럼 가중되는 생활고와 맞물려 인신매매 업자의 손에 이끌려 유곽으로 들어가는 여성들도 늘어만 갔다.

1934년 야마가타 현 이사자와伊佐沢 마을에는 이런 벽보가 나붙었다고 한다.

딸을 팔고자 하는 분은
우리 상담소로 오시기 바랍니다.
— 이사자와 마을 상담소

'고달픈 세상'苦界이라는 말은 에도시대 창기들이 스스로 괴로운 처지를 한탄한 것에서 유래했다고 하는데, 이 말은 쇼와 시대 창기들에게도 해당할 것이다. 여성을 사려는 남자와 고용인 업자, 그 업자에게서 세금을 징수하는 국가, 업자에게 집세와 소작료를 받는 지주를 비롯해 금융업자들까지 여성을 제물로 삼아 저마다 이득을 챙기고 있었던 것이다.

마을에서 딸을 팔던 해는 말이야
벼도 여물지 못하고 밭도 말라 버려
제겐女衒,* 제겐들로 마을축제가 되지

유곽의 창기들만 애처로울 뿐이지
해를 넘겨도 돌아갈 집도 없고

도움을 드렸던 부모에게 마저 버림받을 줄이야

*뚜쟁이, 알선업자 - 옮긴이

여성들이 유곽에서 고통받고 있을 무렵, 공황에 별다른 영향을 받지 않았던 미쓰이, 미쓰비시, 스미토모, 야스다, 다이이치, 산와 등 6대 은행은 총 예금액의 53.4퍼센트까지 점유하기에 이른다. 1920년에 그 점유율이 30퍼센트였음을 고려하면, 증가폭이 얼마나 컸는지를 짐작할 수 있을 것이다. 그리고 미쓰이, 미쓰비시, 스미토모 은행은 이러한 예금액을 바탕으로 3대 재벌이 되어 부를 한 손에 거머쥐게 된다. 그러나 피폐해진 경제 탓에 상품을 사들일 만한 시장은 없었다. 그래서 아시아, 특히 중국 동북부 지역을 식민지로 삼아, 그곳에서 시장을 개척하고 값싼 원료를 매입하고자 했다. 또한 3대 재벌 중 하나인 미쓰이는 정우회政友会(1900년에 결성된 보수 성향의 정당 - 옮긴이)에, 미쓰비시는 민정당民政党(제2차 세계대전 이전 일본의 주요 정당으로, 정우회와 라이벌 관계를 형성했다 - 옮긴이)에 정치 자금을 대며 자기들 마음대로 사회를 움직여 갔다.

한편 젊은 장교들은 고향의 참담해진 상황을 목격하고 아시아의 '신천지'를 구축하면 자연스럽게 농민들을 살릴 수 있다고 생각한다. 하지만 역설적이게도 그런 생각은 같은 아시아의 사람들의 터전을 빼앗는 결과로 이어졌다. 또 전쟁에서 공을 거두어 명예를 얻으려는 고위 간부들은 청년 장교들의 이러한 감정을 이용했다. 일본이 식민지로 삼았던 조선이나 타이완 역시 공황으로 생활고가 가중되었지만, 재벌이나 호전적인 군인들은 전혀 개의치 않았다. 그들에게는 돈과 명예, 훈장이 전부였다. 그러한 남자들이 일본의 정치를 좌지우지하며 중일전쟁을 일으키게 된다.

그 무렵 유곽 여성들은 일본 사회가 어떻게 돌아가는지 전혀 알지 못했다. 1930년대로 접어들면서 국가 재정 가운데 군사비가 차지하는 비율이 어마어마한 속도로 증가하고 있었다는 사실도 말이다. 단지 자신을 팔았던 부모가 돈이 필요했고, 유곽에 오는 남자들은 오직 자신의 몸만 원한다는 사실만 자각했을 뿐이다.

그럼에도 여성을 팔아넘긴 자나, 여성을 사는 자, 또 그것을 공공연하게 허용하는 정부 공무원이나 경찰들 모두 아무런 부끄럼 없이 거리를 활보하며 다녔지만, 피해자인 여성들은 멸시당해야 했다. 딸들이 몸을 팔아 번 돈으로 생활하는 가족들조차 그녀들의 존재를 부끄럽게 여겼다.

그 무렵 일본 사회에는 노동하는 '노예=아내'와 '성노예=창기'라는 두 부류의 여성만 존재했고, 남성이 여성을 지배하는 것을 당연하게 여겼던 '부국강병' 국가 일본이었다. 이런 분위기에서 '위안부 제도'가 생겨난 것은 어쩌면 당연한 일일지 모른다.

앞에서 살펴본 것처럼, 식민지 조선이나 타이완의 경우 일본의 수탈로 상황은 더욱 열악했다. 수많은 여성들이 인신매매 업자에게 속아 창기로 팔려 나갔다. 그 가운데에는 강제 매춘을 강요받아 죽음을 택하거나 이성을 잃고 정신을 놓아 버린 여성들도 많았다. 1920년대에는 이미 멀리 홋카이도 유곽까지 팔려 나간 여성들도 있었다고 한다.

1988년, 윤정옥 교수는 자살로 삶을 마감한 여성들이 유난히 많았던 하코다테 시 다치마치立待 곳을 찾아 다음과 같은 감상을 남겼다.

"좁은 언덕길을 올라 도착한 절벽은 몹시 험하고 사나운 곳이었다. 저 멀리 태평양에서 밀려 온 파도는 절벽에 부딪혀 부서지고 있었다. 그 절벽 아래에는 파도에 깎여 뾰족한 부분이 들어선 바위가 있었다. 그래서 이 절벽에서 뛰어내리면 바로 죽겠구나 하는 생각이 들었다"(윤정옥, 《조선인 여성이 본 위안부 문제》)

이곳 사람들의 말에 따르면, 수많은 조선인 여성들이 투신해 죽어 간 탓인지 부서지는 파도소리가 마치 "어머니, 어머니!" 하고 절규하는 것처럼 들린다고 한다.

독립만세를 불렀을 뿐인데

일본군 '위안부', 다시 말해 대일본제국 군대에 의해 공공연하게 장기적으로 강간·윤간당한 여성들 대부분이 젊은 조선인 여성이었다는 것은 명백한 사실이다. 대체 그 까닭이 무엇일까? 그에 답하기 전에 문득 떠오르는 또 하나의 일이 있다. 바로 에도시대에 아이누 여성들을 상대로 강간과 능욕을 일삼던 일이다.

마쓰마에松前 번은 에조蝦夷 전 지역, 즉 홋카이도와 남사할린, 구나시리, 에트로프 섬을 직접 관할했다. 그리고 그 지역의 경영권과 행정권을 일본 본토에서 올라온 지역 청부업자에게 위임했다. 이 청부업자들은 열두세 살쯤 되는 아이누 아이들을 남녀를 구분하지 않고 고탄(아이누 집촌)에서 어장으로 강제 연행해 갔다. 1년 내내 하루도 쉬지 않고 노동에 동원되었지만 급료는 겨우 담배 세 갑을 살 수 있는 돈밖에 되지 않았다. 게다가 미모의 여성은 혼인 여부와 관계없이 일본인들에게 강간당하거나 성병에 옮아 온몸이 짓물렀다고 한다.

1789년 구나시리 동부에서 아이누 민족의 대규모 봉기가 일어났는데, 그 발화점이 된 것은 바로 일본인들이 저지른 강간 사건이었다고 한다. 강간의 피해자인 여성도 그 여성의 남편도 구타당해 사망에 이르기도 했다.

1894년, 청일전쟁을 일으킨 일본은 시모노세키조약에 따라 타이완을 식민지로 삼고 여자들을 능욕했다. 타이완인들의 저항에도 불구하고 일본군은 수도 타이페이까지 무혈 입성했다. 하지만 계속되는 일본군의 폭력과 부녀자 강간으로 중남부의 반발이 거세지면서 다른 지역 함락이 쉽지 않았다고 한다. 처음에는 양과 돼지를 잡아 일본군을 성대히 대접한 마을도 있었지만, 처녀 200명을 바치라는 명령을 듣지 않았다는 이유로 60여 명에 달하는 마을 여성을 강제로 납치해 강간하여 반일 감정이 극에 달한 것이다. 아이누, 아이즈, 타이완 등지에서 자행한 무차별적인 폭력과 강간 행위는 정복한 땅의 여성들에게 어떤 짓을 해도 상관없다는 일본군의 야만적인 사고에서 비롯되었다고 할 수 있다.

이러한 야만적 사고방식은 조선을 식민지화하는 과정에서도 그대로 재현되었다. 청일전쟁의 최대 피해자는 사실 조선 민족이다.

그 무렵 조선에서는 '민民은 국가의 근본'이라는 동학사상을 기반으로, 반봉건·반외세를 내건 갑오농민전쟁이 일어나 서울까지 밀고 올라오고 있었다. 농민군을 진압할 목적으로 정부는 청나라에 파병을 요청하였고, 일본도 공사 관원 등의 보호를 구실로 군대를 파견하였다. 그러나 일본군의 출병에 놀란 정부는 농민군에게 타협안을 제시하여 부패한 탐관오리를 일소하겠다는 약속을 한다. 그리

고 정부는 농민들이 요구를 받아들여 전주를 중심으로 전라도 53
곳에 자치기구인 집강소를 설치한다. 그런데 출병의 이유가 사라졌
음에도 일본은 무턱대고 청나라에 선전포고를 한다. 일본의 개입에
분노한 농민군은 다시 봉기하지만, 근대적 무기를 앞세운 일본군에
의해 수많은 희생자를 낳고 패배한다. 그리고 농민군 지도자 전봉
준은 일본군에게 붙잡혀 처형당하고 말았다. 다음은 동학농민군을
소재로 한 동요이다.

새야 새야 파랑새야

녹두밭에 앉지 마라

녹두꽃이 떨어지면

청포 장수 울고 간다

새야 새야 파랑새야

전주 고부 녹두새야

어서 바삐 날아가라

댓잎 솔잎 푸르다고

하절인줄 알았더니

백설이 펄펄

엄동설한 되었구나

일본은 청일전쟁 이후 갑오농민전쟁과 삼국간섭을 계기로 조선에 반감을 사게 되어 러시아에 주도권을 빼앗긴다. 이에 불만을 품은 일본은 러시아와 친하고 일본에 배타적이던 명성황후를 암살하는 대만행을 저질렀다.

1895년 10월 아침, 미우라 고로三浦梧樓 공사는 '민비'에게 쫓겨난 대원군을 수행하는 조선훈련대의 소행인 것처럼 꾸몄으나, 실제로는 일본 수비군과 무사들을 왕궁으로 보내 저지하는 궁내 대신을 살해하고 '민비'를 살해한 것이다.

다음 글은 《데일리메일》 특파원 맥켄지F. A. Mackenzie가 저술한 《조선의 비극》의 일부이다.

"그들은 왕비의 나인 수 명을 끌고 와서는 사체를 내보이며, 그것이 왕비인지 확인하게 한 후, 그 중 세 명을 검으로 찔러 죽였다. 폭도들은 휘발유를 가지고 있었다. 그들은 아직 사망하지 않았을지 모르는 왕비를 침구로 둘둘 말아 가까운 정원 수풀 속으로 끌고 갔다. 그들은 거기서 왕비의 사체에 휘발유를 붓고 주위에 있던 장작을 쌓아 올리고 불을 질렀다. 그리고 타오르는 불꽃을 향해 계속해서 휘발유를 들이부었다. 마침내 모든 것이 불타 사라지고 약간의 뼈 조각만 남았다"

이 무슨 만행이란 말인가. 이러한 만행은 미국 군사교관과 러시아 엔지니어가 목격하여 국제 문제로 비화되었다. 이에 일본 정부는 어쩔 수 없이 미우라를 소환하여 재판에 넘긴다. 그런데 15일 후 사건 관계자는 일본 법정과 군법회의에서 전원 무죄로 판결 난다. 게다가 이 판결로 일본 국내에서 지지를 얻은 미우라는 일약 영웅으로 떠오른다.

한편, 조선 민중은 일본의 압력에 굴복한 조선 내각이 오히려 조선인을 범인으로 몰아 처형한 것이 알려지면서 분노가 극에 달했다. 전국 곳곳에서 의병이 들고 일어났다. 이와 함께 미국에 망명 중이던 서재필이 귀국하여 독립협회를 창립한다. 그 상징으로 세워진 독립문은 지금도 서울 시내에 남아 있다.

1904년에는 러일전쟁이 발발한다. 청일전쟁과 마찬가지로 일본 측의 일방적인 선전포고로 시작되었다. 대한제국은 러시아와 일본 어느 쪽 편도 아니라며 중립을 선언하지만, 아랑곳하지 않고 일본군은 서울을 점령하고 왕궁을 포위했다. 그리고 무력을 앞세워 일본에 유리한 조약을 속속 체결하였다.

조선 각지에 뿔뿔이 흩어져 있던 조선군 장교, 유학자, 농민들이 격렬한 의병 투쟁을 벌이며 일본군을 공격했으나, 일본군은 마을을 불태우고, 가옥을 불태우고, 주민을 죽이고, 여성들을 수치로 몰아넣었다.

앞에 나온 《조선의 비극》의 저자 맥켄지는 1908년 당시 일본군의 방화와 폭력으로 초토화된 마을을 방문해 피해당한 사람들의 이야기를 취재했다.

"한 마을에서 열 살짜리 소녀가 사살당했고, 또 다른 마을에서는 한 일본인 병사가 채소를 파는 상인의 아녀자를 범하는 장면도 목격했어요. 그 사이 다른 병사는 총검으로 무장하고 한쪽에서 망을 보고 있었죠." 그리고 어떤 마을에서는 제대로 된 총은 가지고 있지 않았지만, 사기만큼은 충만한 젊은 의병들을 볼 수 있었다고 한다. 타이완이나 아이누 민중과 마찬가지로 일본군의 잔학한 행위가 그들을 일으켜 세운 것이리라. "일본의 노예로 사느니, 자유로운 인간으로 죽는 편이 훨씬 나을 거예요"라는 젊은 지도자의 발언도 소개하고 있다.

일본은 1910년 조선을 무력으로 병합하고 조선총독부를 설치했다. 총독은 천왕 직속으로 육해군 대장이 맡으며 식민지 지배를 전담하게 했다. 조선총독부가 처음 실행한 것은 토지조사사업이었다. 농지의 40퍼센트 가까운 농지를 수탈하여 동양척식주식회사東洋拓殖株式會社에 양도하고 이주해 온 일본인들에게 헐값에 넘겼다. 이로 인해 수십만의 농민들이 조상 대대로 경작해 온 농지를 빼앗기고 유랑민 신세가 되었다.

맥켄지는 일본군이 아직 손을 뻗지 않은 마을은 잘 여문 이삭들이 늘어져 있고 집 주변에는 가지각색 꽃들이 흐드러지게 피어 "그림처럼 아름답고 평화로운 모습"이었다고 기록했다.

일본군 '위안부'로 끌려간 소녀들의 고향도 아마 이렇듯 평화롭고 아름다웠을 것이다.

강제 병합으로부터 10년이 지난 1919년, 조선의 독립을 요구하는 3·1운동이 거센 들불처럼 한반도 전역으로 번져 나갔다.

"우리는 우리 조선이 독립국임과 조선인의 자주민임을 선언하노라"로 시작되는 독립선언문은 서울 파고다공원(지금의 탑골공원)에서 발표되고 사람들은 "대한독립 만세!"를 외치며 거리를 행진했다. 그 후 도시마다, 마을마다 태극기로 물결을 일으키며 만세 운동을 전개해 갔다.

정대협 윤정옥 교수는 이모 안복희 씨한테서 들었다고 한다.

이모는 당시 이화보통학교 학생으로 열다섯 살이었다. 학생이던 오빠 셋도 모두 독립운동에 참가했다고 한다. 3·1운동이 일어나기 며칠 전에 둘째, 셋째 오빠가 집에 와서는 등사판으로 삐라를 만들어 나갔고, 3월 1일 당일에 큰오빠가 자전거를 타고 와서는 여학생들이 모여 있는 곳에 삐라를 뿌리고 사라졌다. 오빠들은 이날 이후 집에 숨어 지냈지만, 4월 7일 경찰에 붙잡혀 끌려갔다. 아버지는 오빠들이 어느 수용소에 수감되었는지 매일 찾아 헤맸지만, 너무 많은 사람들이 잡혀 갔기 때문에 찾기가 쉽지가 않았다. 체포된 사람 가운데 용서를 빌 경우 30회 채찍을 맞은 뒤 석방되었다고 한다. 일본에는 없던 태형이 조선에는 적용되었던 것이다. 그 때문에 심신이 약한 노인들은 목숨을 잃기도 했다. 첫째, 둘째 오빠는 생각한 바가 있어 빠르게 굴복하고 태형에 처해진 뒤 국경을 넘어 중국에 건너가 동북부에 위치한 조선독립군 양성 사관학교에 들어갔다.

셋째 오빠는 계속 저항하다 결국 서대문형무소로 이송되었다. 열일곱 살 미성년자였기에 용서를 빌면 출소할 수 있었지만 굴복하지 않아 열 달 동안 감금되었다고 한다. 가족들이 매일 아침 형무소로 면회를 갔는데, 수감된 인원이 너무 많아 온종일 기다려도 면회하기 힘들었다고 한다.

윤정옥 교수의 이모 역시 열다섯 어린 여학생이었지만 집안일을 도맡아 하는 것은 물론, 부엌 쪽 한구석에 구멍을 파 등사판이나 삐라를 들키지 않게 숨기는 일도 했다고 한다. 일본군의 거듭되는 가택 수색에도 들키지 않았다고 한다. 이처럼 일본에 대한 저항이 남녀노소를 불문하고 조선 전 지역에 걸쳐 일어났다고 한다.

한산한 우로雨露 받은 송백까지도
무덤 속 누워 있는 혼령까지도
노소를 막론하고 남이나 여나
어린아이까지도 일어나거라

― 〈광복가〉 (일명 '봉기가'. 출처, 연도 미상)

"위력의 시대는 가고 도의의 시대가 왔도다"라는 선언문처럼, 독립은 모든 조선 사람들의 꿈에도 잊지 못할 비원이었다.

이러한 조선인들의 염원에도 불구하고 조선총독부는 도의에 반하는 무력으로 철저히 탄압했다. 공식 집계로는 7,500여 명이 살해당했고, 강간과 굴욕적인 탄압이 끊이지 않았다. 일본군 기마대는 행진하는 여학생들을 쫓아가 행진을 해산시키고 도랑에 빠뜨린 뒤 체포했다. 그리고 감옥에서는 알몸으로 지내게 했다. 또 여학생들을 윤간하거나 옷을 모두 벗긴 채 십자가에 묶거나 얼굴을 죽도로 때리는 등 가혹행위도 서슴지 않았다.

미국 연방상원에 보고된 증거서류 30건의 서간(1919년 4월 10일)에는 일본군이 여성을 강간한 내용이 실려 있으며 "여성 기독교인들에게 알몸 상태로 채찍질을 가했다. 여성을 능욕하는 것이 타락한 일본 당국에서는 매우 흔한 일인 듯 즐기는 것처럼 보였다"라는 기록도 보인다.

도예가 야나기 무네요시柳宗悦는 1919년 5월, 〈조선인을 생각한다〉朝鮮人を想ふ라는 글에서, "사람은 사랑 앞에서는 온순하지만 억압 앞에서는 완강해진다"라고 표명하며, 어째서 일본은 "어리석은 짓을 반복하며 억압의 길을 선택하는 것일까. …… 지금 전 조선인의 골수에 사무친 것은 끝없는 원한이며, 반항이며, 증오이며, 차별이다. 독립이 저들의 이상이라는 것은 필연의 결과다"라며 개탄했다.

황군 장병들을 위한 '선물'

• 가와세 마키코의 르포 〈5-2〉

물론 일본 위정자들은 야나기 무네요시의 이러한 주장에 귀 기울이지 않았다. 오히려 탄압은 거세졌다.

1923년 간토대지진이 일어나자 조선인들이 폭동을 일으킨 것이라며 유언비어를 퍼뜨렸다. 다음은 아직 그 지역에 살고 있는 주민들의 증언이다.

"요쓰기바시四つ木橋 아래에 위치한 스미다 강변에서 일본인들이 조선인을 열 명씩 줄지어 세워 놓고는 기관총으로 쏴 죽였어요. 죽지 않은 조선인은 다시 길바닥 위에 세워 놓고 석유를 부어 태워 죽였지요."

사이타마 현 혼조本庄 시에서 일어난 일도 매우 참혹하고 무참했다. 피난민들이 유언비어를 퍼뜨리는 경우도 있었지만, 현 당국이 앞장서 유언비어를 부풀리고 확산시키기도 했다. 그때까지 피난민들을 도와주었던 구호 활동들이, 경찰의 손에 의해 몇 백 명의 조선인들을 습격하는 행위로 둔갑하기 일쑤였다.

"여자 둘을 봤어요. 그중 한 사람은 임신한 듯 배가 나와 있었는데 정말 끔찍하게 살해했죠. '아이고, 아이고' 하며 우는 소리가 아직까지 귓가에 맴돌아요."

당시 혼조중학교 1학년에 다니고 있던 학생의 증언이다.

"백주대낮에 하도 당당하게 사람을 죽이니 호기롭게 느껴지기까지 하더군요"라는 요코하마의 한 시민의 말에서 일본인들이 이 참극을 어떻게 보고 있는지 짐작할 수 있을 것이다. 당시 일본 제국은 이러한 신념을 가진 사람들이 필요했다. '당당하게' 사람을 죽이는 행위야 말로 대륙 침략을 위한 필요조건이었던 셈이다.

지금까지 벌어진 일들을 종합해 봤을 때, 욕망에 사로잡힌 이들에게 정복당한 사람들은 안중에도 없다는 것을 알 수 있다. 오직 정복할 땅과 자원, 훈장과 명예, 그리고 여자의 몸밖에 보이지 않았던 것이다. 이것을 쟁취하기 위해 사기와 폭력, 살인을 아랑곳하지 않고 저질렀는데, 여기에 국가권력이 개입하면 이 모든 행위는 '성전' 聖戰으로 둔갑해 버렸다. 이러한 미사여구로 국민들을 교육하고 선전하고 속여 정신까지 관리하게 되는 것이다. 여기에 저항하는 자들은 체포하여 처형하거나 '비애국자'로 낙인찍어 규탄하였다. 5·15 사건(1932년 급진파 청년 장교들이 일으킨 반란 사건. 이누카이 쓰요시 수상이 암살되었다 – 옮긴이)이나 2·26사건(1936년 일본 육군의 황도파 청년 장교들이 일으킨 쿠데타 – 옮긴이) 이후 일본의 공포정치는 더욱 가속화되었다.

일본의 처지에서 조선과 타이완은 아시아·태평양을 침략하기 위한 양질의 보급지일 뿐이었다. 이때 조선이나 타이완 사람은 전쟁

수행을 위해 필요한 '언제 죽어도 상관없는 노동력'에 지나지 않았던 것이다.

무엇보다 조선인들의 독립 의지를 꺾고 일본에 대한 저항을 최소화할 필요가 있었다. 이를 위해 황민화 정책이 펼쳐진다. '내선일체'內鮮一體라는 구호를 내세우며 일본어 쓰기를 강제하고, '궁성요배'宮城遙拜(천황이 있는 쪽을 보고 절하는 것 ― 옮긴이)와 '신사참배'神社參拜를 강제한 정책이다. 나아가 '창씨개명'創氏改名을 통해 조선인들의 이름마저 빼앗아 버렸다. 한복을 벗고 몸뻬를 입어야만 식료품을 배급해 주었으며, 틈만 나면 〈황국신민의 서사〉皇國臣民の誓詞를 암송하도록 했다. 외우지 못하면 때렸다.

하나, 우리는 대일본제국의 신민입니다.
하나, 우리는 진심으로 천황 폐하께 충의를 다하겠습니다.
하나, 우리는 인고, 단련하여 훌륭하고 강한 국민이 되겠습니다.

어른 아이 할 것 없이 외우도록 했는데, 어려운 단어로 되어 있어 어쩔 수 없이 무작정 암기할 수밖에 없었다고 한다.

여학생들에게도 전투모를 쓰게 했으며 인사도 군대식으로 해야 했다. 그리고 집에는 신을 모시는 작은 제단을 만들어야 했다. 아침에 일어나면 그곳에 가서 예를 갖추어 머리를 숙이도록 교육했다.

학교에서 이를 매일 점검했다고 한다.

도야마 현 후지코시 공장으로 연행된 강덕경 씨는 학교에서 한글을 배운 게 1학년 때뿐이었다고 증언했다. 그 후로 쉬는 시간에 조선말을 하면 벌을 받았다고 한다. 카드 30장을 나눠주고, 학생들에게 다른 친구가 조선어를 쓸 때마다 서로의 카드를 빼앗으라고 가르쳤다. 카드가 다 떨어지면 혼쭐이 나고 점수도 깎였다고 한다.

조선총독부가 편찬하고 발행한 《보통학교 수신서 제4권》 '국기'라는 항목에는 히노마루를 자랑스럽게 우러러보는 조선의 아이들 모습이 실려 있다. 그 아래에는 다음과 같은 해설이 붙어 있다.

"이 그림은 기원절紀元節에 집집마다 히노마루를 달아 놓고 그 앞에서 아이들이 즐겁게 이야기하는 장면입니다. 어느 나라든지 그 나라의 상징인 깃발이 있습니다. 그것을 국기라고 합니다. 히노마루는 우리나라 일본의 국기입니다. 우리나라의 축일이나 기념일에는 학교나 집에 국기를 달아 놓습니다. 그리고 우리나라 선박이 다른 나라 항구에 정박할 때도 반드시 국기를 게양해야 합니다. 국기는 그 나라의 상징이므로 우리는 히노마루를 소중하게 다뤄야 합니다."

이 밖에 침략 전쟁에 필요한 노동력(광산이나 비행장, 참호를 만드는 일) 동원도 황민화 정책의 일환으로 매우 흔하게 이루어졌다. 이 노동력 안에는 '성노예'도 포함되어 있었다.

1941년 '타도 소련'을 내건 관동군은 소련과의 대규모 전쟁에 대비하여 '관동군 특별 연습'을 거행한 후 85만 명의 장병들을 북만주로 투입했다. 이에 관동군 사령부 참모3과(병참 담당) 하라 젠시로原善四郎 중좌는 '위안부'를 조달할 목적으로 비행기를 타고 조선으로 들어갔다. 그리고 애초 예상했던 것보다 적은 약 3천 명의 조선인 소녀·여성들을 북만주로 연행해 갔다.

앞에서 살펴본 것처럼, '위안소'를 설치한 데에는 장병들의 성병 예방이라는 목적도 포함되어 있었다. 일본군은 일본인 창기보다 조선인 소녀가 '황군 장병들을 위한 선물'로 적당하다고 판단한 것 같다. 만약 종이 한 장을 들이밀고 일본인 여성들을 연행하라고 했다면, 틀림없이 병사들은 심하게 동요했을 것이다. 또 '성전'에 의문을 품었을지도 모른다. 무엇보다 이러한 행위가 정당화되었던 데에는 오랜 세월 동안 형성된 여성에 대한 성폭력과 아시아 민족에 대한 멸시, 공창제에서 파생된 창기에 대한 차별 의식이 복합적으로 작용하여 '위안소'에서 강간·윤간을 가능케 했던 것으로 보인다.

또한 대일본제국의 성인 남자가 속속 죽음으로 내몰리는 가운데, 그의 '씨'種 야마토 민족의 아이를 최대한 재생산하지 않으면 안 되었다. 조선에 대해서는 민족 말살을 하더라도 상관없는, 아니 오히려 '민족 말살'을 해야 한다고 생각했을 터였다.

당시 병사들 사이에서 "조선의 젊은 여자를 모두 긁어모아 위안부로 삼아 조선 민족의 종자를 절멸시켜야 한다"는 발언도 공공연하게 나돌았다고 한다.

김일면 씨는 일본이 조선에 아편을 밀수입하고 공창제와 도박을 성행하게 함으로써 멸망시키려고 했다는 주장을 폈다. 또 윤정옥 교수는 일본은 자국의 여성을 '위안부'로 연행하지는 않았지만, "황군인 천황의 적자를 낳는 적자 생산기로 취급했다"고 지적한 바 있다.

조선의 딸들이 속속 '위안부'로 끌려가 강간당하고 아이를 낳지 못하는 몸이 되어 가는 한편, 일본 여성들은 "낳아라, 늘려라!"라는 국가 정책을 따르고 있었다. 실제로 1940년에 후생성 주관으로 아이를 많이 낳은 여성에게 '다자'多子라는 이름으로 표창을 수여했다. 이듬해 '인구문제전국협의회'는 "황국 인구의 증강을 도모하기 위해 결혼 촉진과 출산 장려에 중점을 둔다"는 결의안을 상정했다.

1943년에는 도쿄부 결혼장려회 주최로 집단 회합이 이루어졌다. "결전 아래, 다산을 장려하는 국책에 커다란 효과가 있기를 기대, 결혼이야말로 전력 증강의 원천, 가슴 설레며 무사시노武蔵野를 산책하는 젊은이들"이라는 제목의 신문기사도 보인다.

'위안부'로 동원되었고, 현재 북한에 살고 있는 김영실 씨 증언에 따르면, '위안소'에서 조선말을 사용하면 죽이겠다고 협박했다고 한다. 실제로 바로 옆방에 머물던 '도키코'라는 이름의 조선인 여성은 조선말을 사용했다는 이유로 처참히 살해당했다고 한다.

이러한 사례에서 일본군 '위안부'는 천황이 자신의 '적자'인 황군 장병에게 내린 '하사품'이고, 민족 말살이라는 정책에 따라 식민지인은 사람이라기보다는 '소모품'에 지나지 않았다는 윤정옥 교수의 지적을 다시 한 번 확인할 수 있을 것이다.

6

소녀들의 전후

김영실 씨가 증언하고 있을 때,
김학순 씨가 "아이고 당신과 내가 같은 곳에서" 하며
단상으로 뛰어 올라갔다.
그리고 김영실 씨도 "아이고 남녘에도 나 같은 사람이 있다니" 하며
둘이 얼싸안고 눈물을 흘렸다.

유미야 정말 오랜만이지? 새 학기가 시작되어 문화제와 운동회 집행위원을 맡아 많이 바빴거든. 문화제에서 〈봉선화의 노래〉鳳仙花のうた라는 제목으로 연극을 상연하기로 했어. 전에 말했던 친구, 후미코네 가족이 겪었던 일을 연극으로 만들어 보려고 해. 그래서 여름방학에는 미에와 후미코 할머니를 찾아뵙고 여러 가지 이야기를 들었어. 후미코가 초등학교에 입학할 때 김문자라는 이름으로 학교에 다니길 원했는데, 교장선생님이 반대하셔서 일본식 이름인 후미코로 다니기로 했대. 아무리 생각해도 이건 아닌 것 같아. 만약 맥아더 장군이 패전을 빌미로 일본인더러 일본식 이름을 버리고 미국식으로 바꾸라고 했다면 기분이 어땠을까? 게다가 남한과 북한은 더 이상 일본의 식민지가 아닌 독립국인데 말이야.

짓궂은 남자아이들은 아직도 "어이 조센징, 조선으로 꺼져 버려!" 하며 머리를 때리거나, 괜한 소문을 퍼트려 여학생들을 난처하게 해. 정말 못된 짓이야. 남의 나라를 빼앗아 그곳에 살 수 없게 만들어 놓고 말이야. 그래서 일본에서 살아가는 그들에게 값싼 임금에 힘든 일만 시키고도 반성은커녕 못 살게 괴롭히다니.

그리고 이제 후미코라는 이름대신 '문자'라는 이름으로 부르기로 했어. 문자가 입은 치마저고리, 얼마나 예쁜지 몰라. 한국 음식도 맛보고 〈봉선화〉라는 노래도 들었어. 이 노래에는 식민지 일본에 저항하는 뜻이 담겨 있다고 해. 색다른 문화를 체험할 수 있는 즐거운 시간이었어.

이번 문화제에는 담임선생님도 응원해 주시고 문자도 흔쾌히 찬성해 주어서 정말 기뻐. 얼마 전에는 학교에서 문자 할머님을 모셔 이야기를 듣는 시간을 가졌어. 웬일인지 남자아이들이 진지하게 이야기를 듣는 거야.

일본인에게 토지를 빼앗긴 이야기를 들을 땐 정말 너무하다는 생각이 들었어. 문자네 증조할아버지가 어렸을 때까지는 집안 대대로 농사를 지었고, 먹고 사는 데에 아무런 어려움이 없었다고 해. 그런데 일본인들이 마을에 들어와서는 담배나 콩, 밀은 재배하지 못하도록 규제하고 일방적으로 목화만 심으라고 명령했대. 만약 지시에 불응하면 폭행하는 건 예사고 밭을 뒤집어엎거나 난폭하게 굴었대. 담배나 콩, 밀, 술은 무조건 돈을 내고 사게 하여 생활은 더욱 힘들어졌고. 게다가 비싼 목화 모종을 강요하고 다 자란 목화는 그냥 무단으로 갖고 가고 말이야.

또 어떤 때는 근로봉사라고 해서 도로를 만드는 일에 동원되었는데, 품값을 한 푼 주지 않았대. 며칠 동안 끌려 다니며 죽어라고 일했는데 나중에 알고 보니 자신들의 토지가 도로로 바뀌었다는 거야. 마을 사람들이 이 사실을 알고 들고 일어났지만 일본도로 위협하는 통에 어쩔 수 없었대. 결국 토지를 삽시간에 잃어버리고 어쩔수 없이 가족 모두 현해탄을 건너오게 되었대.

일본에 와서는 노동자 합숙소를 전전하며 고생고생하다 고물상을 시작하면서 단칸방 집으로 올 수 있었다고 해. 부뚜막도 없고 달랑 냄비 하나에 밥을 짓던 증조할머니의 모습이 눈에 선하다고 문자 아버지가 말씀하셨어. 책상도 없어서 귤 상자를 놓고 공부했다고 해. 그래도 문자 할아버지는 성실하게 아르바이트를 하며 대학을 졸업 했지만, 취업 차별로 고물상을 이어 받을 수밖에 없었대. 그래서 속상하고 힘든 마음에 술에 빠져 주정 부리기 일쑤였대. 그 모습을 본 문자 아버지는 아예 취직은 생각지 않고 작은 관광회사를 꾸리셨다는 구나.

전쟁이 끝나고 일본은 어느덧 경제 대국이 되었지만, 할머니는 아직도 자신들을 차별하고 어린 손자들까지 사회의 차가운 시선을 받아야 하는 현실이 너무너무 슬프고 분하다고 말씀하셨어.

미에가 이러한 내용을 바탕으로 극본을 쓰고, 놀랍게도 평소 불량스럽던 기타야마가 감독을 맡겠다고 나섰단다. 그렇게 우리 반 아이들은 하나가 되어 연극 연습에 몰입해 갔고, 문자를 이해하는 폭도 넓어졌어. 주인공 영자 역은 문자가 맡았지. 분홍색 치마저고

리를 입고 〈봉선화〉 반주에 맞춰 춤을 추는 마지막 장면은 이루 말
할 수 없이 아름다웠어.

울밑에선 봉선화야 네모양이 처량하다
길고긴날 여름철에 아름답게 꽃필적에
어여쁘신 아가씨들 너를반겨 놀았도다

어언간에 여름가고 가을바람 술술불어
아름다운 꽃송이를 모질게도 침노하니
낙화로다 늙어졌다 네모양이 처량하다

북풍한설 찬바람에 네 형체가 없어져도
영화로운 꿈을 꾸는 너의 혼은 예 있으니
화창스런 봄바람에 환생키를 바라노라

　홍난파 작곡, 김형준 작사의 〈봉선화〉를 듣고 있으면 마음이 깨끗
해지는 느낌이 들어. 특히 3절 가사는 독립에 대한 열망을 읊은 것
이라고 해. 나는 내레이션을 맡았는데, 무대에 안쪽에서 보니까 관
중들도 모두 눈물을 흘리고 있더라고.
　요즘 우리 반 분위기가 한층 좋아졌어. 후미코도 이젠 김문자라

는 이름으로 불리고 있고.

이어지는 가와세 씨 르포 보낼 테니, 읽어 봐.

— 아키가

훈도시만 몸에 두른 채

• 가와세 마키코의 르포 〈6〉

일본인인 나에게 8월 15일은 패전기념일이다. 하지만 남한에서는 광복절, 북한에서는 해방기념일이라 하여 일본의 식민지 지배에서 해방된 날을 기념하고 있다. 1945년 8월 15일 이래 일본군 '위안부'에서 '해방'된 조선인 여성들의 전후는 어떠했을까? 몇 가지 사례를 살펴보자.

우선 지린 성으로 끌려갔던 황금주 씨 이야기부터 소개한다.

"군인들은 전쟁이 끝나자 아무런 말도 없이 가 버렸어요. 그 무렵 우리는 모두 여덟 명이었어요. 나도 성병에 걸렸지만, 다른 일곱 명은 상태가 너무 심해 식당도 갈 수 없는 상태였죠. 그래서 혼자서 식당으로 가 보니 식당 안은 엉망이었어요. 옷이고 뭐고 다 흐트러져 있었고 군인은 아무도 없었어요. 어떻게 된 일인지 영문을 몰라

하던 중 다른 곳에 연락하러 갔던 군인이 혼자 돌아 왔어요. 그는 자기 앞에 놓인 메모를 읽고는 곤혹스런 표정으로 '아아, 빨리 이곳을 빠져나가야 해'라고 했어요. 왜 그러냐고 묻고서 일본이 전쟁에서 졌다는 것을 알았어요.

'너희들도 빨리 달아나. 여기 있다간 중국인한테 잡혀 죽고 말거야.' 이 말을 듣고 숙소로 돌아와 같이 있던 여자들에게 도망가자고 했어요. 하지만 그녀들은 도무지 그럴 만한 몸 상태가 아니었지요. 나는 다시 식당으로 돌아가 군인들이 신던 작업화를 신고 훈도시를 몸에 두르고는 숙소로 돌아와 함께 도망가자고 했어요. 모두들 그냥 울기만 하면서 갈 수가 없다고 했어요. 어쩔 수 없이 나 혼자 그곳을 빠져나왔죠.

숙소에서 밖으로 나와서 비로소 병영이 철조망으로 둘러싸여 있고, 그 가장 후미진 곳에 우리가 있었다는 것을 알게 되었죠. 이곳저곳 헤매다가 겨우 귀향하는 동포를 만났어요. 거기서 이리저리 계속 피해 다니다가 서울에 도착한 것이 12월 2일이었어요. 일본은 신발 한 짝, 돈 한 푼주지 않고 내 몸을 완전히 망가뜨리고는 지금껏 모른 척 하고 있어요. 절대 용서할 수 없어요."

버려진 옷을 주워 입고 누추한 모습으로 서울에 간신히 도착한 황금주 씨를 친절하게 도와준 이는 한 식당 할머니였다. "먹을 것 좀 주세요" 하고 부탁하는 그녀를 자신의 방으로 데려가 먹을 것을 주고, 낡았지만 입을 옷도 주었다. 그리고는 "일도 하면서 여기서 함께 살자"며 새로운 속옷도 주었다.

그렇게 황금주 씨는 이가 들끓던 긴 머리도 자르고 식당 심부름도 하며 생계를 꾸렸다. 차마 성병에 걸렸다는 애기는 할 수 없어, 임금을 받으면 남의 눈에 띄지 않게 병원에 가서 페니실린 주사를 맞았다. 그런 생활도 한국전쟁이 시작되면서 끝나 버렸다.

고향인 광주로 돌아간 식당 할머니 일가를 따라가지 않고 정처 없이 대구로 향했다.

"힘든 생활이었어요. 굶주린 제가 길가에 멍하니 있으니까, 어느 아주머니가 따라 오라고 하더니 커다란 큼지막한 사발에 밥을 조금 담아 주었지요. 물을 타서 양을 늘려 한 끼분을 몇 끼로 나누어 먹고 지냈어요. 그 사발을 가지고 구걸하며 살던 중 굶고 있는 어린 고아를 만나 함께 생활하며 키웠죠. 서울에 다시 가게 되어 그 아이를 잠시 고아원에 맡겨 두고 떠났습니다. 식당에서 일할 때 저금을 조금 해 놓은 게 있었는데, 그걸 찾으러 가는 길이었죠. 그런데 그만 폭격으로 다리가 끊겨 서울로 못 들어가고 그 근방에서 몇 달을 살게 된 거에요. 그 와중에 공산군이 쳐들어 와서 대구로 내려가 맡겨 놨던 아이를 데리고 부산으로 피난가게 되었죠.

그 뒤로 부산 제일방송국 옆에서 3년쯤 살았어요. 그 사이에 돌봐야 할 고아가 하나 더 늘었어요. 빈 깡통을 들고 구걸하는 생활이었지만, 모두 비슷한 상황이었기 때문에 부끄럽지 않았어요. 그때부터 지금까지 온갖 일을 하며 살아야 했습니다. 입주 가정부로도 일했고 채소 장사도 했어요. 6년 동안이나 하혈이 멈추지 않아 병원을 찾아 갔더니, '피가 전혀 없네요'라고 하여 자궁적출 수술까지 했어요."

황금주 씨는 아이들을 자기 호적에 올리고 싶었지만 자신도 호적이 없어, 다른 사람의 호적을 빌려 넣었다고 한다. 그녀는 이야기를 하는 중간 중간에 격앙된 목소리로 "이렇게 산 증인이 있는데도 일본은 모른다는 식으로 일관하고 있다"며 치를 떨었다. "당신들이 아니라 히로히토裕仁(쇼와 천황) 시대에 저지른 일이지만" 하며 간신히 이성을 찾으면서, 듣고 있던 우리 일본인들을 향해 쌓이고 쌓였던 분노를 폭발시키는 듯했다. "이대로라면 일본에 가서 죽는 편이 나을 거야"라며 울분을 표출했다.

다시 고향으로 돌아갈 수 없었던 황금주 씨. 일본군에게 밤마다 윤간당해 몸이 엉망이 되어 버린 스물세 살 아가씨는 귀향을 망설였을 것이다. 황금주 씨는 어느덧 일흔 살 할머니가 되었다. 혼자 작은 식당을 운영하며 다달이 월세 걱정을 하며 서울에 살고 있다.

이런 몸으로 어찌 고향에 돌아갈까

• 가와세 마키코의 르포 〈6-2〉

어딘지도 모르는 '위안소'에 감금되었던 열여섯 살 강덕경 씨의 전후 역시 녹록치 않았다.

"어느 날 주변이 조용해서 군인이 있는 쪽을 내다보니 라디오를 향해 군인들이 도열해 있었어요. 머리를 숙이고 울고 있는 것 같았죠. 우리가 밖으로 나가 돌아다녀도 그냥 내버려 두더라고요. 그날부터 군인들은 찾아오지 않았습니다. 이상하다는 생각이 들어 밖을 내다보니, 조선말로 '만세!' 하고 외치는 소리가 들렸어요. 드디어 해방되었다는 걸 알게 되었죠."

강덕경 씨는 그곳에 살던 조선인한테 일본 도야마로 데려가 달라고 부탁했다고 한다. "한국이라고 말했으면 좋았을 텐데, 그때는 그냥 도야마, 도야마라고 했지" 하고 말했다.

일본에서 유일하게 알고 있던 지역 도야마로 간다면 한국으로 돌아갈 수 있다고 생각한 것이다. 그곳에서 조선인의 도움을 받아 오사카로 갔다가, 다시 도야마로, 신미나토에 있는 동포 아저씨 집으로 찾아갔다. 그간의 이야기를 전해들은 아저씨는 "운명이니 어쩌겠니. 우리도 곧 귀국할 것이니 당분간 여기서 같이 지내자" 해서 함께 지내게 되었다. 아저씨는 부인은 없고 딸 둘에 아들 하나였다.

다섯 살짜리 아이를 키우던 옆집 일본인 아주머니와도 사이가 좋았다. 얼마 지나지 않아 귀국하게 되었는데, 그 일본인 아주머니와 함께 기차를 타고 오사카에 가서 80톤짜리 밀항선을 타고 부산으로 향했다.

"그때 임신 상태였어요. 나도 전혀 몰랐는데, 일본인 아주머니가 눈치 채고 알려 주었어요. 나는 깜짝 놀라 이런 몸으로는 고향에 돌아갈 수 없다고 생각하고, 바다로 뛰어 들어 자살하려고 했어요. 그렇지만 아주머니는 그런 내 마음까지 읽어 내고는 내 옆에 꼭 붙어 계셨죠. 죽으려던 나를 말린 덕분에 죽지 않고 한국 땅을 밟게 되었어요. 전라북도 남원에 있는 커다란 국수여관陶水旅館이라는 곳에 묵게 되었어요. 거기에는 귀국 하려는 일본 사람들이 많이 머물고 있었죠. 거기서 아기를 낳았어요. 아주머니가 산파가 되어 주었어요. 고구마로 끼니를 이어 가는 가난한 생활이었어요. 아주머니는 한국에 살 수 없어서 일본으로 돌아가야 했지만, '네가 고향으로 돌아가는 것을 보고 귀국할게'라고 말씀해 주셨어요. 하지만 나는 '도저히 돌아 갈 수 없어요' 하며 울었어요. 그러자 아주머니는 '괜찮아, 내가 잘 말해 줄게' 하고 다독여 주며 나를 고향 마을까지 데려다주시고는 일본으로 돌아가셨어요."

그러나 갓난아기를 여자 혼자 몸으로 키우며 살아가기에 고향은 그리 따뜻한 곳이 아니었다. 그래서 아는 사람을 따라 부산으로 내려가게 되었다. 지인의 소개로 아기를 부산에 있는 천주교 고아원에 맡기고 가까운 식당에서 일을 하게 되었다. 식당 여주인도 천주교 신자여서 주말이면 함께 고아원에 맡겨 놓은 아이를 만나러 가곤 했다. 식당 일이 바빠서 아이를 만나러 가는 횟수가 줄었다. 그러던 어느 날 아이를 보러 가보니 아이의 옷을 다른 아이가 입고 있었다. 어떻게 된 영문인지 몰라 당황해 하자 수녀님이 아이가 죽었다고 말했다. 그 아이는 겨우 네 살이었다. 그 후 강덕경 씨는 정신없이 일만했다. 몸 상태는 점점 안 좋아졌고 하혈도 계속되었다. 병원에 가보니 자궁이 안 좋다는 진단이 나왔다. 그리고 마흔에 생리가 멎어 버렸다. 열심히 일해서 어머니와 남동생을 서울로 불러왔다. 어머니가 세상을 떠난 뒤, 비닐하우스 채소 재배법을 배워 남양주로 이사하고 채소를 기르며 근근이 생계를 이어 가고 있다. 그렇게 살아오다가 1991년 5월 8일 '어버이 날'에 그만 경운기에서 추락해 팔이 부러지고, 허리에 통증이 생겨 일을 하지 못하게 되었다.

예순을 넘긴 강덕경 씨는 생활보호 대상자로 매달 쌀 10킬로그램과 3만 원, 그리고 정대협에서 지원하는 기부금으로 생활해 오고 있다. 의료보험 카드가 있어 통원 지료를 받고 있는데, 심장병과 방광염을 앓고 있다.

우리가 그이를 만난 곳은 '나눔의 집'이었다. 한국불교위원회에서 도움을 주어 가족이 없는 '위안부' 할머니들이 모여 함께 살 곳을 물색하고 있는데, 아직 머물 장소가 정해지지 않아 일시적으로 빌린 집이라고 한다. 이곳에는 할머니 네 분이 머물고 계셨다. 따뜻한 온돌방의 온기가 마치 할머니들을 염려하는 사람들의 따뜻한 마음처럼 느껴졌다.

그 한쪽 방에서 강덕경 씨는 한쪽 엉덩이를 들고 엉거주춤한 자세로 지나온 세월을 담담하게 들려주었다. "왜 그렇게 불편한 자세로 말씀하세요?" 하고 우리가 묻자 "성병 때문에 이 자세가 편해서 앉다 보니, 다 나았는데도 이 자세가 습관이 되어 버렸어요" 하고 대답했다.

"한국에 돌아온 뒤로 결혼하자는 남자도 더러 있었어요. 하지만 일본에서 겪은 일을 털어 놓을 수 없어서 친구로는 지내도 결혼은 할 수 없었어요. 한국에 와서부터 남자랑 관계를 맺은 적은 단 한 번도 없어요."

열여섯 살 때부터 일본군한테 윤간을 당해 몸이 망가진 채 귀국해야 했던 강덕경 씨는 마지막으로 이렇게 말했다. 정말 나지막한 목소리로.

온몸이 떨릴 정도로 잔인한 체험을 듣고 있던 우리는 너무나 죄송한 마음에 고개를 들 수 없었다. 그러자 그녀가 들릴 듯 말 듯 한 작은 목소리로 이렇게 말했다.

"알아만 준다면 그걸로 됐어. 두 번 다시 이런 일이 없어야지."

몸도 마음도 상처투성이

• 가와세 마키코의 르포 〈6-3〉

타이완 특공대 기지로 끌려간 이용수 씨의 전후는 어떠했을까?
일본의 패전으로 전쟁이 끝났지만, 이용수 씨를 포함한 네 여성은
그대로 '위안소'에 남겨졌다. 방 한쪽 구석에서 담요를 덮어쓰고 숨
어 있었는데, 누군가 다가와 수용소로 데려갔다. 배도 고프고 폭탄
파편에 상처까지 입었는데 주먹밥을 쥐어 주었다. 부둣가에 있는
수용소로 또 끌려가는 것이 두려워 네 명 모두 담요를 뒤집어쓰고
떨고 있었다. 또 어디론가 또 끌려가는 것이 너무 무서워 배 타는
것을 거부했지만, 그들은 억지로 우리를 배에 태웠다. 도착한 곳은
부산이었다.

"배에서 들판이 보였어요. 내리기 전까지 네 명은 서로를 끌어안
고 '떨어지지 마, 떨어지면 죽어' 하며 두려움에 떨었죠. 배에서 내
리자 DDT(그 시절 많이 사용하던 살충제)로 소독을 하고는 3백 엔
씩 쥐어 주더군요. 배에서 내려서도 무서워 사람들 속에 서 있질 못
했어요. 무서워서 땅을 기다시피 하며 다녔죠. 함께 가자던 친구들
은 다 어디론가 사라져 버리고 혼자서."

이용수 씨는 우리 앞에서 기는 몸짓을 해 보였다. 귀국 후에도 또
납치되어 가는 건 아닐까하고 공포에 떨었다고 한다. 겨우 제정신

을 차리게 된 것은 대구에 도착해서 낯익은 미친 여자를 보고 나서 였다. 그 여자를 모르면 대구 사람이 아니라고 할 정도로 대구에서 잘 알려진 이였다. 그 미친 여자가 광장을 어슬렁거리는 모습을 보니 반갑기도 하고 기쁘기도 해서, 이용수 씨는 그 여자에게 달려가서는 와락 껴안았고 한다.

이용수 씨는 그 길로 집으로 뛰어갔다. 문이 열려 있었고, 어머니는 마루에 앉아 무언가를 적고 있었다. "엄마!"하고 불렀더니, 고개도 들지 않고 이렇게 말했다.

"나는 딸이 없는데……. 2년 전에 죽었어요. 오늘이 그 아이 제삿날이에요."

"엄마, 저 용수에요!"

"귀신이겠지. 사람이 아닐 거야."

울기만 하고 어머니는 돌아보지 않았다.

"엄마, 저 용수에요" 하고 끌어안자, 그제서야 어머니는 자기 딸임을 알고 기쁨과 놀라움에 그만 정신을 잃고 말았다고 한다.

그러고도 얼마간 세월이 흘렀지만, 임질과 말라리아는 여전히 이용수 씨를 괴롭혔다. 임질이 나은 것은 마흔이 다 되어서였다.

"어떻게 결혼 할 수 있었겠어요. 여자로 태어나서 가장 행복한 순간은 시집가서 남편에게 사랑 받는 것이라는데. 난 몸이 더럽혀진 사람이에요. 더럽혀진 몸을 동포들에게 보이면 안 된다는 일념으로 살아왔어요."

 이용수 씨에게 연인이자 남편은 어머니였다. 하지만 어머니조차 딸에게 무슨 일이 있었는지 알지 못했다. 그저 돈벌이 다녀온 것으로만 알고 있다. 혹시 사실이 알려지기라도 하면 남동생 부부에게 폐가 될까봐 늘 조심하며 살아왔다. 10년 전 어머니가 돌아가신 후에는 서울로 거처를 옮겼다. 가족들에게는 되도록 밝은 모습을 보이려 애썼다.

 "새벽 두시 반 정도에 눈이 떠지면, 요즘 가을이라 그런지 부쩍 죽고 싶다는 생각이 들어요. 죽는 사람들은 아마 이런 생각들을 하겠죠. 아무런 즐거움이 없어요. 몸도 아프고 심장도 좋지 않은데다, 하반신도 불편하고 손은 저려 오고 잘 때 호흡곤란도 와요. 하지만 이대로 죽기보다 일본에 사죄와 보상을 요구해야 한다고 생각했어요. 일본의 60~70대 노인들은 편히 살고 있는데, 우리는 몸도 마음도 상처투성이에요. 아무것도 변한 게 없어요. 오늘날 일본이 있는 것은 다 우리 같은 사람들이 있었기 때문이에요."

 이용수 씨는 오랫동안 보험 설계사로 일해 왔지만, 벌이가 신통치 않아 남동생한테서 생활비를 받아 생활하고 있다고 한다. 그래도 하루하루가 고달픈 가난한 생활이다.

 1991년 자신이 일본군 '위안부'였다는 사실을 최초로 증언한 김학순 씨의 전후도 힘들기는 마찬가지였다.

"태어나서 단 한 번도 여자다운 생활을 한 적이 없어요. 어언 50년이 흘렀지만, 가슴속 깊이 쌓인 한이 좀처럼 풀리지 않아 지금도 아파요."라는 김학순 씨의 말이 떠오른다.

김학순 씨는 가까스로 '위안소'를 탈출했고, 상하이에서 남편과 두 아이와 함께 해방을 맞았다. 귀국선을 타고 인천에 도착해 석 달 동안 수용소에서 생활했다. 그곳에서 전염병으로 네 살 된 아들을 잃었다. 겨우 방을 구해 수용소를 나왔지만 곧 한국전쟁이 일어났다. 군인을 상대로 보따리장사를 하며 생계를 이어 가던 중 총격으로 남편을 잃었다. 그 후로도 초등학교 3학년인 아들과 함께 물건을 들고 "안 가본 곳이 없을 정도"로 돌아다녔다. 그런데 속초에서 하나 남은 아들마저 호수에 빠져 죽고 말았다.

"그래서 이렇게 혼자가 되었습니다. 이것 말고는 말할 것도 없고 말할 수 있는 것도 없어요." 하던 김학순 씨의 표정을 지금도 잊을 수 없다. 만약 일본이 포츠담 선언(1945년 7월 26일)을 조금 더 빨리 수용했더라면, 한반도는 적어도 남과 북으로 분단되지 않았을 터이다. 미국과 소련의 대리전 무대가 되어 민족상잔의 비극을 낳지 않았을 것이다. 단지 '국체호지'國體護持(천황제 존속)를 위해 그때까지 희생된 조선 민족이 전후에도 계속되고 있다는 생각을 떨쳐 버릴 수 없다.

또 그에 앞서 미군이 오키나와에 상륙했을 때, "군인이든 민간인이든 가리지 않고 죽지 않은 것, 서 있는 것을 죄다 쏴 눕혔다"(도바라 유코)고 한다. 이러한 상황에서 최고전쟁지도자회의 구성원 회의는 소련의 중재로 '평화' 교섭을 추진하기로 결정했다. 하지만 이 단계에서도 "조선은 우리 쪽에 유보시켜 달라"고 요청했다고 한다. 일본 지도층이 조선을 계속 지배하려 했다는 사실을 잊어선 안 될 것이다.

1992년 12월 9일, 일본에서 개최된 일본 전후보상에 관한 국제공청회(민간)에 처음으로 북한에서 일본으로 와 증언자로 나선 여성이 있었다. 김영실 씨다. 김영실 씨가 증언하고 있을 때 김학순 씨가 "아이고 당신과 내가 같은 곳에서……" 하며 단상으로 뛰어 올라갔다. 그리고 김영실 씨도 "아이고 남녘에도 나 같은 사람이 있다니" 하며 둘이 얼싸안고 눈물을 흘렸다. 그리고 남한에서 온 할머니들이 주위에 모여 함께 울며, 하늘을 향해 "일본은 얼마나 끔찍한 짓을 저질렀는가. 이대로 죽을 수 없다"며 울부짖었다.

아이고, 두만강 근방의 나도……
아이고, 남쪽에도 나 같은 사람이 있을 줄이야
갈라진 땅에서 온 우리
꼭 껴안고 그저 울기만 하네

하얀 치마저고리 입은 사람이 몇이던가

한데 모여 흔들리며

오늘 처음 만난 사람이라지만

무슨 말이 더 필요할까

소녀 시절 찢겨진 몸은 아직도 고통스럽고

소녀 시절 찢겨진 마음은 아직도 아프기만 하다

그날 이후

그날 이후

하루도 웃을 날이 없었다네

아이고, 이 모든 게 일본인 탓이야

두들겨 맞고

일본도에 찔리며

낮에는 병사들

밤에는 장교

어떤 일요일은

50명을 상대하게 하고

이어서 또 별 세 개짜리 사내가 왔어요
너무 아파서
너무 저려서
피가 나서
"안돼요" 하고 거절했어요
그랬더니 머리채를 잡고는
바닥에 내팽개쳤지요
고문하고 똑바로 눕게 하더니
코에 물을 들이부어 버린 적도 있어요

아이고
지금은 걷기도 힘들어요
찢겨진 몸으로
남과 북 갈라진 땅에서 온 여러분은

서로를 끌어안고
한 덩어리가 되어

희고 큰 꽃이 되어
절규하고 전율하네

이 꽃의 노여움을

이 꽃의 순백을

그저 지켜볼 수밖에 없었어요 우리는

여전히 어둡기만 한 이 섬에서 한낮에

히노마루 휘날리는 '위안소'

네덜란드 여성 얀 루프 오헤른 씨는
50년 동안의 침묵을 깨고 국제 공청회 증언대에 자신의 딸과 함께 섰다.
"난 '위안부'라는 말을 전면 거부합니다.
'위안'이라는 말 안에는 사랑, 온기 따위가 담겨 있습니다.
우리는 '위안부'가 아니라 '강간당한 여성' 입니다."

아키코 반 친구들, 정말 대단하다. 부러운 걸. 가와세 씨 르포를 읽고 다들 새로운 세계를 알게 된 것 같아.

　　다큐멘터리 〈침묵의 한〉 통역을 맡아 주셨던 아주머니께 간토대지진 이야기도 들을 수 있었어. 아주머니의 할아버지도 그때 도쿄에 계셨는데 큰일 날 뻔 했대. 그 무렵 할아버지는 낮에는 공사장, 밤에는 야학에 다니셨는데, 지진 당일 날 위험하다는 하숙집 주인의 말을 듣고도 괜찮다며 친구가 걱정되어 집을 나섰대. 그때 몇몇 무리가 "저기 조센징이다!" 하고 외치며 창과 칼을 들고 쫓아와서 정신없이 도망쳤거든. 막다른 골목길로 접어들게 되어 더 이상 도망갈 곳이 없어 이제 죽는구나 하던 참에, 어떤 아주머니가 이리 오라고 손짓하여 자신의 집 옷장 안에 숨겨 주셨대. "만약 그 아주머니가 구해 주지 않았더라면 할아버지는 살해되었을 테고, 지금의 나도 없었겠지"라는 아주머니의 말을 듣고서 갑자기 소름이 돋았어. 할아버지께서 감사 인사를 하러 갔더니, 그 아주머니는 "사람은 모두 똑 같아요"라고 하셨대. 이 아주머니 말고도 야나기 무네요시 같은 좋은 일본인도 있으니 조금은 안심이 된다.

이건 조금 다른 이야기인데, 얼마 전에 고가한테서 편지가 왔어. 담임선생님이, 입시 전쟁이라는 말에 얽매이지 말고 '입시 평화'에 대해 생각해 보라고 하셨대. 그래서 우리와 함께 이 문제를 생각해 보고 싶다더라.

너무 좋은 거 있지.

— 유미가

인간 지옥이었다
* 가와세 마키코의 르포 〈7〉

천황의 군대 '황군'이 침략하는 곳, 히노마루가 펄럭이는 곳마다 '위안소'가 설치되었다. 그리고 군 관리 아래 강간과 윤간이 끊임없이 벌어졌다. 그 대부분이 조선인 소녀들이었다는 것은 지금까지 살펴본 바와 같지만, 그 밖에 침략한 지역 여성들도 다수 포함되어 있었다.

말레이시아의 경우 거의 전 지역에 위안소가 설치되었고, 조선인, 타이완인 말고도 현지의 중국계 여성과 태국, 인도, 자바 여성들이 배치되었다. '위안소' 부지는 말레이시아 귀족이나 화교의 저택을 접수해서 마련했다.

당시 주민 조직 간부였던 현지인은 이렇게 증언했다.

"어떤 사람이, 고무 농장에 다니다 실직한 여성 몇 명을 제공했어요. 그런데 서른 살이 넘었다고 해서 '나이 든 여자는 안 돼. 좀 더 젊은 애들을 내놔!' 하며 구타했다고 했어요. 그 다음 저한테 명령이 떨어졌죠. 중대장의 명령을 거절하면 죽을지도 모른다는 생각에, 쿠알라룸푸르 환락가에 가 스무 살 안팎의 여자들을 구해 데려갔어요."

또 세키구치 노리코関口紀子 감독의 〈전장의 여자들〉이라는 영화를 보면, 파푸아뉴기니 여성들도 일본군 '위안부'로 끌려가 지금도 그 상처가 아물지 않은 것을 알 수 있다.

1939년 3월, 중국 광둥 성 차오안潮安 부근에 동원되었던 도쿄대 법학부 출신의 일본군 소대장은 일기에 이렇게 적고 있다.

"위안소를 공동변소라고 부르는 사람이 있는데, 과연 그럴까? 부대마다 휴일이 다르기 때문에 병사들의 외출은 거의 매일 이루어진다고 볼 수 있다. 위안소 안 위안부는 내지(일본), 타이완, 조선, 중국 모두 합해서 40명 정도, 한 사람당 평균 7~8명을 받는다고 보면, 과연 공동변소가 될 수밖에 없을 지경이다."《땅의 속삭임》)

'공동변소'라는 말도 놀랍지만, 제24사단 보병 제32연대의 '위안소'(문서에는 '군인 구락부'라고 되어 있다) 관련 내무 규정에는 "하나,

일반인으로 하여금 영업부營業婦에 대한 공유 관념을 철저히 하도록 하고 점유 관념을 엄금하도록 할 것"이라는 문구도 보인다.

또한, 처음으로 군의 관리·감독 하에 '위안소'를 설치하기 위해 성병 검진을 실시했다는 군의관 아사오 데쓰오麻生鉄男(당시 육군 소위)가 제출한 의견서에도 '공동변소'라는 문구가 나온다.

"군용 특수 위안소는 향락의 장소가 아니라 위생적인 공동변소인 까닭에……"라고 기술되어 있다. 말하자면 '위안부'가 된 여성들을 인간이 아닌, '공동변소'라는 도구로 보고 있었음을 분명하게 보여준다.

그런데 최근에, 1942년 타이완에서 작성된 것으로 보이는 극비전보가 발견되어 주목을 끌었다. 전보 발신자는 타이완 군사령관이고, 수신자는 육군대신(도조 히데키東条英機 수상 겸임)이다. 전보에는 이런 요청 사항이 나온다.

육군 기밀전보 제63호와 관련하여 '보루네오'로 위안 토인土人 50명을 파견하고자 함. 남방 총군總軍이 요구하니, 육군 기밀전보 623호에 근거해 헌병이 조사하여 선정할 것. 아래에 표기하는 경영자 3명의 도항을 허가해 줄 것을 요청함.

남방 육군으로부터 '위안부' 50명이 필요하다는 요청이 와서 타이완군에게 말해 놓았으니, 업자 3명을 선정하여 도항을 허락해 줬으면 한다는 내용이 담겨 있다. 그리고 업자 세 명의 이름과 주소가 명기되어 있다.

이 사례로 보아 일본군 '위안부' 송출이 육군대신의 허가 아래에 이루어졌음을 알 수 있다. 그 뒤에 '위안부' 50명으로 부족하여 20명을 추가로 도항시키겠으니, 이를 허가해 달라는 내용의 전보가 오갔다. 아울러 소수의 '보충 교대 증원 등'은 현지에서 적절히 수행하겠다는 내용의 극비전보가 오고간 정황도 보인다.

여기서 '위안 토인'이라는 말은 식민지 여성들을 경멸하는 호칭이다. 대일본제국이 소리 높여 외치는 '대동아공영권'의 본질이 아시아 여러 나라와 공생하는 게 아니라 아시아 지배였음을 여과 없이 드러낸 것이다.

그렇다면 타이완에 동원되었던 일본군 '위안부'들의 실상은 어떠했을까? 타이완을 방문하여 현지 여성들을 만나 증언을 들은 중의원 의원 이토 히데코伊藤秀子의 이야기를 들어 보자.

먼저 가오슝高雄에 거주하는 75세 할머니. 모자 가정에서 힘들게 살다가 열대여섯에 양녀로 갔고, 그곳에서 다시 카페(매춘은 하지 않음)로 팔려 나갔다. 스물서너 살이 되었을 무렵 카페 사장이 하이난다오海南島로 끌고 갔다. 12명의 여성이 함께였고, 무엇을 하러 가는지는 알려 주지 않았다. 배 안에서 그들의 이름은 일본식으로 바

꿰어 있었고, 도착한 곳에는 일본 군인이 기다리고 있었다. '위안소'
는 더럽고 허름했다. 적을 때는 5~6명, 많을 때는 15~16명의 변태
성욕자들을 상대해야 했다.

하이난다오에 가기 전까지만 해도 그이는 처녀였다. 전쟁이 끝나
'위안소'가 없어지면서 타이완으로 돌아가게 되었지만, 임금은 하나
도 받지 못했다.

이토 의원에게 그녀는 이렇게 털어놓았다.

"위안소에서 겪었던 일은 평생 잊을 수 없어요. 그곳은 인간 지옥
이었어요. 일본 정부의 사죄와 배상을 바랍니다. 난 일본 병사들에
게 악몽 같은 생활을 강요당했어요. 결혼도 할 수 없는 몸이 되었
죠. 약해진 몸으로 평생 세탁 일만 하며 살고 있어요."

극비전보에 연행지는 보루네오로 기재되어 있지만, 지금까지 알
려진 바에 따르면 타이완 여성들이 끌려간 곳은 하이난다오, 중국,
필리핀, 인도네시아, 미얀마, 싱가포르, 오키나와 등 각지에 걸쳐 있
다. 대부분 간호사로 가는 것이라고 속였으며, 더러는 어머니 눈앞
에서 강간당하고 끌려간 여성도 있다고 한다. 열네 살도 안 된 소녀
도 있었고, 군용 선박에 실려 격전지에 투입되기까지 했다.

1992년 12월 9일에 열린 국제 공청회에서 증언한 내용 중에는
열일곱 살에 티모르 섬으로 연행된 여성도 있었다. 이 여성은 간호
사로 파견되는 것으로 알았다고 한다. '아사마마루'あさま丸라는 군

함에 올라 도착한 곳은 야자나무로 지어진 병사들 숙소였다. 그곳에 도착한 이튿날 일본군 사령부로 끌려가 "넌 이제부터 위안부다"라는 말을 들으며 강간당했다고 한다. "돌아갈 거예요. 어머니한테 혼나요. 난 간호사라구요!" 하며 울부짖자, 사령관은 "닥쳐, 시끄러워!" 하고 윽박지른 뒤 부하에게 "이 아이는 아직 어리니 도망가지 못하도록 하라"고 명령했다. 그리고 사흘 뒤 다른 여성들이 있는 위안소로 끌려갔다.

"낮에는 병사들이 열 명 넘게 왔고, 밤에는 소위, 중위, 대위가 왔어요."

정해진 증언 시간이 있었지만, 그녀는 "얼마 말하지 않았는데도 지금 너무 고통스러워요. 세세한 것까진 말하고 싶지 않아요" 하고 잠시 침묵했다. 이윽고 "만약 이것이 거짓이라면, 티모르 섬 해군 병사님 저 좀 살려주세요!"라며 절규했다. 정부와 국회, 민간단체로 구성된 타이완위안부문제대책위원회의 조사 보고서를 보더라도 간호사 일이라고 속여서 끌려간 여성들이 많았다.

또 어떤 여성은 1944년에 추첨을 통해 간호사로 뽑혀서 나갔는데, 필리핀 마닐라로 끌려가 위안부가 되었다. 근무 기간은 반년이라고 알고 있었지만, 타이완으로 돌아온 해는 3년이 지난 1946년이었다. 오른쪽 허벅지에는 문신까지 새겨졌다. 고향으로 돌아왔지만 아이도 낳을 수 없는 몸이 되었고 결혼도 하지 못했다. 지금은 73세로 심신이 모두 쇠약한 상태다. 끝으로 "일본인들 때문에 내 모든 인생이 망가졌어요. 배상금이라도 받아 노년을 보내고 싶어요"라는 말을 남겼다.

이토 히데코 의원과 회견을 가진 첸푸錢復 타이완 외교부 부장은 일본 정부에 다음과 같은 요구사항을 전달했다.

"아시아 지역의 평화와 안전을 위해 무엇보다 일본은 전후 처리에서 청산하지 못한 부분을 해결하는 데 힘을 쏟아야 합니다. 타이완 국민에게 남아 있는 불신을 없애기 위해서는 세계가 주목하고 있는 일본군 위안부 문제부터 확실하게 처리하고, 나아가 과거 일본군으로 동원된 타이완 군인·군속에 대한 보상과 미지급된 임금, 군사우편, 저금 등을 해결하는 일에 성의껏 임해 주기 바랍니다."

어머니를 목 놓아 부르며
• 가와세 마키코의 르포 〈7-2〉

앞서 많은 타이완 여성들이 필리핀으로 연행되어 갔지만, 현지의 필리핀 여성들도 혹독한 일을 당한 것은 마찬가지다.

필리핀 하면 떠오르는 사람이 있다. 1989년 여름 '8·13 평화를 위한 증언 집회'에서 증언한 작은 몸에 크고 검은 눈동자를 가진 아스세나 오칸포 씨이다. 이 여성은 여섯 살 때 부모와 할머니, 동생, 숙모 등 가족 모두를 일본군에 총칼에 잃었다. 자신도 네 군데나 찔렸지만 기적적으로 살아남았다. 아버지는 항일운동에 가담했다는 죄목으로 일본군한테 심한 고문을 받은 뒤 처형당했다.

로스바니오스 마을에는 전쟁으로 여자와 아이들만 남아 있었다. 갑자기 들이닥친 일본군은 남은 사람들을 큰 건물에 불러 모으고는 한 줄로 세워 끝에서부터 죽여 나갔다.

"일본군은 내 남동생과 여동생이 울고 있는 곳에 와서는, 먼저 두 살배기 남동생을 공중으로 던져 위로 세운 총검 끝에 떨어지게 해서 푹 찔러 죽였어요. 생후 일곱 달밖에 안 된 여동생도 똑같이 끔찍하게 죽였죠. 나는 그 광경을 다 보고 있었지만, 너무 무서워 몸이 움직이질 않았어요. 나도 움직이면 살해당할 것이라는 공포에 휩싸여 그냥 조용히 있었어요."

극심한 공포와 칼에 찔린 상처 때문에 출혈이 심해 어린 소녀는 정신을 잃었고, 정신을 차리고 보니 죽은 사람들 속에 있었다. 임신 중이던 어머니도 죽어 있었다. 할머니는 아직 숨이 붙어 있었지만, 칼에 베여 내장이 튀어나와 있었다. 할머니는 그것을 옆구리에 쑤셔 넣으며, 어린 아스세나에게 옆 마을 아는 사람 집으로 가는 길을 혼신을 다해 알려 주었다. 할머니의 말을 듣고 집을 빠져나오면서 현관 앞에 옷이 찢긴 채 살해당한 젊은 숙모를 목격했다. 강간당한 뒤 살해당한 것이리라. 그 뒤 할머니가 일러 준 길을 따라 아는 사람 집에 간신히 도착할 수 있었다.

피가 엉겨 붙은 옷은 뜨거운 물을 부어 겨우 벗겨 내었다고 한다. 어째서 이런 비참한 일을 당해야 하는지 하느님을 한없이 원망했다는 아스세나 씨. 지금 그녀를 불행의 늪으로 떨어뜨린 나라를 찾아와 그 고통스러운 경험을 증언하고 있는 것이다. 아스세나 씨는 다음과 같은 말로 증언을 마쳤다.

"정말 전쟁은 아무런 득이 없어요. 전쟁과 평화 가운데 하나를 선택하라고 한다면 반드시 평화를 선택해야 해요. 아이들을 사랑으로 기르고, 그리고 그 아이들이 사람을 사랑하고 서로 도울 수 있도록 말이에요. 아이들에게 확실하게 교육시켜야 한다고 생각합니다. 사랑이 있는 곳에 반드시 평화가 있을 거라 믿습니다. 평화가 있는 곳에는 전쟁이 일어나지 않을 거예요."

마리아, 로사, 루나, 헨슨 씨는 열네 살 때 길을 가다 붙잡혀 일본군 30명에게 강간을 당했다고 한다. 그때의 원한 때문에 마리아 씨는 헌옷을 모으거나 식료품을 모아 항일운동을 도왔다고 한다. 그러나 열여섯 살이 되던 해에 일본군에게 끌려가 '위안소'에 내던져졌다. 그리고 '위안부'가 되었다.

"12~20명이나 되는 군인들에게 낮 2시부터 밤 10시까지 강간을 당했습니다. 상처가 나고 아파서 울었습니다. 그저 울면서 어머니 이름을 부르며 도와달라고 빌었습니다. 그러던 어느 날 장교가 사는 저택으로 끌려가 혹독한 노동에 시달렸습니다. '이거 해 저거 해!' 명령했고, 못하면 머리를 때렸습니다. 울고, 울고, 또 울고 하루 종일 울며 살았어요."

어느 날 마리아 씨는 그 장교가 마을을 불태우라고 명령하는 소리를 들었다. 그곳은 어머니가 살고 있는 마을이었다. 반드시 이 사실을 알려야겠다고 마음먹고 지나가는 사람을 기다리고 있으려니 한 여성이 보였다. "전해 주세요" 하며 몰래 메시지를 건넸다.

얼마 후 마을을 토벌하기 위해 나갔던 장교들이 크게 화를 내며 돌아왔다. 그러고는 "이 계집애가 엿듣고 알린 게 분명해!" 하며 마리아를 사정없이 때리기 시작했다. 손은 묶여 있었고 몸은 피투성이가 되었다. 밤새도록 폭행을 당해 의식을 잃고 말았다. 의식을 되찾고 보니 곁에 어머니가 있었다. 무려 두 달 동안 혼수상태에 빠져 있었다고 한다. 마을 사람들이 게릴라 작전으로 마리아 씨를 구해왔던 것이다. "그대로 두었으면 아마 살해당했을 거야" 하고 어머니가 말했다. 마리아도 그랬을 거라고 생각했다.

전쟁이 끝나고 평화를 되찾은 지금도 그때를 떠올리면 마리아 씨는 기분이 이상해지고 미친 사람처럼 돌변한다. 실제로 정신 나간 여자라고 주위 사람들로부터 손가락질을 받기도 했다. 과거 일본군

'위안부'라는 사실을 실명으로 밝혀 달라는 라디오 방송을 듣고 조사위원회로 연락했다고 한다. 차마 남편과 자식에게도 말하지 못한 사실이었다.

"언젠가는 일본이 스스로 깨닫고 사죄하겠지 하고 기다렸습니다. 그쪽도 나와 똑같이 노쇠해졌을 테니 더 이상 나쁜 짓은 못할 것입니다. 용서는 하겠지만, 꿈과 희망으로 가득했던 소중한 청춘에게 일본은 대체 무슨 짓을 한 겁니까!"

공청회 단상에서 마리아 씨는 절규했다.

"시간을 되돌리지는 못합니다. 적어도 개개인에게 사죄하고 보상해 주세요."

마리아 씨와 함께 일본을 방문한 필리핀 여성 단체의 로데스 사흐르 씨가 한 보고에 따르면, 일본의 만행은 필리핀 전역에 걸쳐 있었다고 한다. 어떤 여성은 강에서 몸을 씻던 중 강간당했다고 하며, 또 어떤 여성은 집에 있다가 일본군이 갑자기 들이닥쳐 자신을 보호하려던 아버지를 죽이고 그대로 끌고 갔다고 한다. 또 초경도 시작하지 않은 소녀는 방공호 안에서 여덟 달 동안 갇혀 밤마다 군인들한테 강간당하며, 옷은 찢긴 채 수건 한 장을 몸에 두르고 지냈다고 한다.

세월이 흘러도 가시지 않은 공포

• 가와세 마키코의 르포 〈7-3〉

1992년 7월 21일, 《아사히신문》에 '네덜란드 여성도 위안부로'라는 제목의 기사가 대서특필되었다. 지난날 일본군이 인도네시아 자바 섬에서 네덜란드(일본이 점령하기 전 인도네시아는 네덜란드의 식민지였다) 여성을 위안부로 동원했고, 그 책임자였던 12명의 전직 일본군 장교가 1948년에 인도네시아 군사법정에서 유죄 판결을 받았다는 내용이었다. 이날 석간신문에는 당시 여성 수용소에 억류되어 위안부로 지낸 D. 하이스만 씨의 이야기가 실렸다.

"너무 무서워 50년 가까이 이 일을 가슴속에 묻어 두고 살았습니다. 지금도 그때 광경이 머릿속에서 떠나질 않아요. 열여섯 살 때 끌려가서 커다란 집에 갇혔고 창문으로 뛰어 내렸어요. 근처에 있던 나무에 숨어 도망치려 했는데, 바로 일본군에게 붙잡혔어요. 내가 있던 수용소에는 약 3,700명이 있었지만, 이 일을 입 밖으로 꺼내려는 사람은 많지 않아요. 그래도 저는 당시 일본인 장교의 얼굴을 또렷하게 기억하고 있어요."

네덜란드 여성 얀 루프 오헤른(1923~) 씨도 50년 동안의 침묵을 깨고 국제 공청회 증언대에 자신의 딸과 함께 섰다.

"난 '위안부'라는 말을 전면 거부합니다. '위안'이라는 말 안에는 사랑, 온기 따위가 담겨 있습니다. 우리는 '위안부'가 아니라 '강간당한 여성' 입니다."

얀 씨는 인도네시아 자바 섬에서 태어나 자랐다. 1942년 3월 교육대학을 졸업하고 곧 교사가 되려던 시점에 일본군 포로수용소로 끌려갔다. 그때 나이 열아홉이었다. 그곳에서 "이루 말할 수 없는 끔찍한 굴욕과 굶주림, 고통"을 겪었다. 마침내 1944년 2월, 얀 씨에게도 '그날'이 찾아왔다.

일본군이 와서는 "17세 이상 여자들 이쪽에 한 줄로 서!" 하고 명령했다. "그곳에 있던 군인들의 표정이, 위 아래로 훑어보고, 손가락질하고, 툭툭 건드리고, 낄낄대고 있었어요." 그렇게 걸러진 여자 10명 가운데 얀 씨도 있었다. 그들은 우리에게 "각자 소지품을 챙겨서 현관 앞으로 모여!"라고 말했다. 어머니들은 필사적으로 막아서며 울부짖었고 항의하는 소리가 수용소를 가득 채웠다.

하지만 다 소용없었다. 여자들은 두들겨 맞으며 마치 양떼를 몰듯 연행되었다. 얀 씨는 성경과 십자가, 묵주를 '나의 무기'라고 여겨 챙겨 나왔다. 어머니와 헤어질 때 서로의 눈을 바라보며 하염없이 눈물을 흘렸다. 곧 죽을 것 같은 기분이 들었다.

트럭을 타고 세마랑으로 가는 고속도로를 달렸다. 도중에 여자 16명이 더 올라 탔다. 얼마 안 가 큰 집 앞에 얀 씨를 비롯하여 7명을 내리게 했다. 그 건물은 장교용 '위안소'로 개조하는 공사가 한창

이었다. 여자들은 소리를 지르며 저항했다. "이것은 명백한 인권 침해다"라며 항의해 보았지만 일본군은 아랑곳하지 않았다. 오히려 "말을 듣지 않으면 가족들이 고생하게 될 거야"라며 협박했다. 그렇게 억지로 사진도 찍고 일본식 이름도 붙여지며 속수무책으로 당하는 사이 위안소가 '개업'했다.

"성관계에 대해 아무것도 모르는 상태였어요. 공포로 몸이 얼어붙었습니다. 그때의 공포는 지워지지 않고 평생을 따라다녀요. 하느님께 빌기도 수없이 빌어 봤지요. 군인이 와서 우리에게 '침실로 들어가!' 하고 명령했지만, 우리는 서로를 끌어안고 온몸으로 거부했습니다. 두려움으로 온몸이 타들어 가는 고통을 느꼈어요. 50년이 지난 지금도 자다가 식은땀을 흘리며 잠에서 깹니다.

그들은 우리를 한 명씩 끌고 갔어요. 나는 식당 테이블 밑에 숨어 십자가를 꽉 쥐고 있었어요. 침실에서 비명소리가 들려 왔어요. 나도 결국 들켜서 끌려갔죠. 체격이 큰 사관이 히죽거리면서 나를 걷어차고는, '너는 나에게 저항할 권리가 없고, 앞으로도 없으며, 죽어서도 없을 거야!' 하고 소리쳤어요. 그는 일본도를 꺼내 위협하며 '오늘은 개업하는 날이라 거금을 지불했다'고 말했어요."

안 씨는 필사적으로 저항했지만 강간을 피할 수 없었다. 그 뒤로 줄서 있던 군인들한테 차례로 강간을 당했다. 소녀 일곱 명은 울면서 서로를 격려하고 밤마다 은신처를 찾았지만, 곧 들켜 버려 얻어 맞기 일쑤였다. 머리를 자르면 남자처럼 보일까 싶어 머리를 짧게 잘라 보았지만, 그게 오히려 눈에 띄어 더 자주 호명되었다. 계속 저항하자, 그런 태도라면 병사들을 상대하는 질 안 좋은 창녀촌으로 팔려 가게 될 거라고 협박하기도 했다.

그러다 결국 임신을 하고 말았다. 태어날 아이를 어떻게 사랑하며 키울까 자신이 없었다. 몇 날 며칠을 괴로워하다가 정신을 잃었다. 정신이 돌아오자 "약 먹어!" 하고 명령했다. "죽일 수 없어요" 하며 거부했지만, 강제로 약을 먹여 유산시켜 버렸다. 그런 생활이 석 달이나 이어졌다.

"젊은 내 인생이 엉망이 되었습니다. 그들은 나의 자유, 존엄성, 가족 모든 것을 앗아 갔습니다. 그러나 신앙만큼은 빼앗지 못했습니다. 신앙이 있었기 때문에 그 고통을 견뎌 낼 수 있었어요."

오열하며 증언하는 얀 씨를 곁에서 연신 따뜻하게 보듬어 주는 이가 있었다. 바로 그녀의 딸이었다. 이 얼마나 용기와 사랑이 충만한 모녀의 모습인가. 얀 씨는 마지막으로 이런 말을 남겼다.

"사랑하는 남편에게 안겨서도 그때의 두려움 때문에 몸을 움츠리게 됩니다. 지금껏 사랑을 나누는 기쁨을 누리지 못하고 살아왔습니다."

이렇게 말하는 그녀 앞에서 일본군이 저지른 만행과 깊은 죄에 고개를 떨굴 수밖에 없었다.

완아이화 씨 이야기

• 미네 아사코의 르포

얼마 전에 멋진 중국 여인 한 분을 만났습니다. 그 분은 과거 일본군에 의해 '위안부'로 끌려갔던 완아이화萬愛花(1929~2013)라는 분입니다.

완아이화 씨는 지난번 열린 민간 국제 공청회에서 증언하기 위해 일본을 찾았습니다. 며칠 뒤에는 제가 사는 지역에서 주관하여 '완아이화 씨의 증언을 듣는 모임'을 열었습니다. 가와세 마키코 씨는 물론 저희 어머니도 이 모임의 실행위원이었기에, 저도 다과를 준비하면서 증언을 들을 수 있었습니다.

이 모임을 주관하면서 모두들 걱정한 건 완아이화 씨의 몸 상태였습니다. 왜냐하면 언젠가 그분이 증언하던 날 너무 격분한 나머지 기절해서 구급차까지 불렀던 상황이 벌어졌기 때문입니다.

"열다섯 살 때 세 번이나 붙잡혔고 마지막에 붙잡힌 건 마을이 포위당한 상태에서였어요. 팔로군 명단을 내놓으라며 일본군한테 지독한 고문을 당해야 했고, 그 때문에 갈비뼈가 부러져 버렸습니다. 집은 불타 버리고 몸은 성한 구석이 하나도 없었죠. 가족도 뿔뿔이 흩어져 홀로 되어 먹고살 길이 막막해졌어요. 나는 일본인을 몹시 증오합니다. 일본인이 망가뜨린 이 몸을 보여 주려고 옷을 걸어 올리려다 쓰러지고 말았네요."

이러한 상황이어서 증언 방식을 놓고 다양한 의견이 오고 갔습니다. 단상에서 증언하는 형식이 아니라 완아이화 씨를 중심으로 빙 둘러앉아 되도록 편안한 분위기에서 경청하자, 꽃을 장식하자, 다과를 내놓자, 부피가 크지 않으면서 기념이 될 만한 선물을 준비하자, 이런저런 의견이 나왔습니다. 저는 어머니의 지인한테 받은 마음에 쏙 드는 천으로 된 지갑을 드리기로 했지요.

'중국국제우의촉진회'中國國際友誼促進會의 왕펑린王楓林 씨와 함께 회장에 등장한 자그마한 완아이화 씨는 처음에는 굳은 표정이었지만 시간이 지나면서 긴장이 풀린 듯 갖가지 이야기를 들려주셨습니다. 통역을 맡아 준 여학생이 완아이화 씨의 등을 쓸어 드리고 따뜻하게 안아 드리는 등 살뜰하게 보살펴주는 모습을 보고 무척 감동했습니다. 그 여학생은 일본에서 공부하고 있는 타이완 유학생이었습니다.

'중국인 강제연행을 생각하는 모임'中國人强制連行を考える會의 보고에 따르면, 일본군 '위안부'로 끌려갔던 여성들이 산시 성山西省에만 약 120명이라고 합니다. 현지 교사들이 중심이 되어 이런저런 생활을 지원하고 있는데, 완아이화 씨도 그 가운데 한 사람입니다.

마을을 포위한 일본군은 무작정 팔로군을 찾아내라며 여자 둘을 끌고 갔습니다. '3광작전'三光作戰에는 여자를 끌고 가는 것도 포함되어 있었다고 합니다. 완아이화 씨가 살던 양촨羊泉은 항일 정신으로 무장한 팔로군을 지지하는 대표적인 마을로 손꼽힙니다. 그래서 언제나 일본군의 표적이 되었습니다.

완아이화 씨의 증언은 질문에 답하는 방식으로 진행되었습니다.

질문 완아이화 씨는 열한 살 때부터 항일운동에 참여하셨다고 하는데, 왜 그렇게 어린 나이에 시작하셨나요?

답 이웃 마을에서 일어난 사건을 목격하고 일본인을 증오하게 되었어요. 80~90채였던 집을 모조리 불태우고 어린 아이들까지 모조리 죽여 버렸습니다. 여자들이 강간당해 살해되었고 그 사체를 마른 우물에 던져 넣고 그 위에 돌을 얹어 대충 묻어 버렸습니다. 그때 내 나이 열한 살이었지만, 키가 165센티미터로 큰 편이어서 항일운동에 나서기로 마음먹었죠.

질문 처음 잡혔을 때 상황은 어땠나요?

답 소녀들 대여섯 명과 함께 잡혀 갔는데 따로따로 감금되었어요. 잡힌 그날부터 밤낮을 가리지 않고 윤간 당했어요. 특히 얼굴이 벌겋게 달아오른 사관과 유난히 치아가 길었던 사관은 확실히 기억하고 있어요. 아주 몹쓸 짓을 했죠. 20일 후, 군인들이 회의하고 있는 틈을 타 창문으로 도망쳐 집으로 돌아왔습니다.

(1943년 6월 7일 일본군이 팔로군 소탕 작전으로 마을에 쳐들어 왔을

때 완아이화 씨는 집 근처 하수구에 숨었지만 들켰다고 한다. 그리고 집에서 16킬로미터 떨어진 일본군 거점인 진지사進至社 마을 매국노 집으로 연행되어 가서 일본군 수십 명한테 강간당하고 수도 없이 기절했다고 한다.)

질문 그럼 두 번째 잡혔을 때는 어떤 상황이었나요?

답 그들은 밥도 물도 거의 주지 않았어요. 고작 한입거리밖에 안 되는 잔반이 전부였지요. 때리면 맞고 강간당하고 그 고통은 이루 말할 수 없습니다.

(두 번째 붙잡혀 간 건 같은 해 8월 18일이었다. 완아이화 씨는 강가에서 빨래를 하고 있었다. 일본군은 양쪽에서 양찬 마을을 공격했고 그녀는 또다시 잡혀 와 지난번과 같은 곳에 감금된다. 비밀리 활동하고 있는 간부나 팔로군의 지지자 이름을 말하지 않으면 폭행뿐 아니라 강간까지 당했다. 한 달 뒤 일본군이 소탕 작전을 수행하러 간 사이 그녀는 다시 도망쳤다. 이곳저곳으로 피해 숨어 지내다 집에 있는 아픈 가족들이 생각나 다시 마을로 되돌아갔다.)

*괄호 안은 그날 행사장에서 배포해 준 증언 내용을 보충한 것이다.

그해 음력으로 12월 8일에 완아이화 씨는 또다시 붙잡혔다. 새벽에 일본군은 마을을 포위했다. 마을의 젊은 사람들은 재빨리 도망갔지만, 그녀는 아픈 사람들을 보살피고 있었기 때문에 도망치지 못하고 붙잡히고 말았다.

"일본 군인들은 나를 당나귀 등에 동여 메고, 지난번 그 일본군 거점지로 끌고 갔습니다. 물이나 식사는 전혀 주지 않고 밤낮으로 돌아가며 강간했어요. 팔로군 명단을 내놓으면 사람대접은 해주겠다며 윽박지르더군요. 그래도 나는 어떤 상황이 오더라도 절대 명단을 내주지 않으리라 다짐했어요.

그러자 '명단을 내놔!' 하면서 제 따귀를 힘껏 내려치고 오른쪽 귀걸이를 잡아당겨 귀가 귀걸이랑 같이 찢어져 버렸어요. 이 귀를 좀 보세요. 어떨 때는 한 일본군이 저를 강간하고 있는 동안, 또 다른 병사가 내 양손을 머리 위에서 꽉 누르고 갈비뼈가 몇 개나 부러질 때까지 계속 때렸습니다. 그때 충격으로 허리뼈는 없어지고 다리뼈밖에 남아 있지 않게 되었어요. 165센티미터나 되던 키가 그 때문에 147로 줄어들었어요. 여기 좀 보세요, 보기 흉할 정도로 망가진 몸을.(직접 윗옷을 벗고는 웅크러진 채 펴지지 못하는 몸을 보여 주셨다)

결국 의식을 잃었죠. 그들은 제 겨드랑이 털을 하나하나 뽑아 보고는 아무런 반응이 없자, 죽었다고 생각해서 벌거벗긴 채로 강에 던져 버렸어요. 그게 1944년 음력 1월 28일의 일이었습니다. 다행히 마을 노인이 발견하고 살려 주었죠. 그러나 3년 동안이나 몸을 가눌 수 없어 누워만 지냈어요. 조금이라도 걸으려면 몸을 앞으로 완전히 구부려야만 간신히 걸을 수 있었어요. 신중국(중화인민공화국 ─ 옮긴이)이 건설되고 나서야 안마나 기공 같은 치료를 받게 되어 겨우 허리를 펴고 걸을 수 있게 되었답니다.

부모로부터 물려받은 몸은 사라지고 아이도 낳을 수 없는 몸이 되었죠. 가족이나 친척들도 나를 '더러운 여자' 취급했어요. 마을 사람들도 멸시했죠. 결국엔 마을을 떠날 수밖에 없었고, 지금은 외톨이 신세가 되었어요. 조그마한 방 한 칸 빌려 삯바느질을 하며 겨우 겨우 살아가고 있습니다. 이 넓은 세상에 제 핏줄 하나 없다고 생각하니, 살아갈 희망조차 없어져 괴롭기만 해요. 병에 걸리면 누구하나 돌봐줄 사람도 없으니까요.

일본 정부가 내 앞에 와서 사죄하는 모습을 보고 싶어요. 보상해 줬으면 해요. 일본군에 의해 얼마나 많은 마을이 불에 타고 파괴되었는지, 얼마나 많은 여성들이 강간당했는지. 나는 살해당한 중국인들을 대표해서 이 자리에 섰습니다. 일본 정부는 일본군의 만행을 여러분께 알려 주지 않으려고 하지요. 그렇기 때문에 내가 알려야 된다고 생각했습니다."

완아이화 씨는 오열하면서도 "할 말은 해야 한다"며 힘들게 이야기를 이어 나갔습니다. "내가 지금 욕을 하고 있는 것은 일본군과 일본 정부입니다. 친절하게 대해 준 여러분에게는 감사합니다."

마지막으로 우리가 준비한 자그마한 선물을 드리니 진심으로 기뻐하시며 머리 위로 번쩍 들어 올렸습니다. 행사장 안 모두에게 보여 주며 "도쿄는 물가가 비싼데 이렇게까지 준비해 주시다니 고맙습니다. 나쁜 짓을 저지른 사람은 여러분이 아닌데 말이에요." 완아이화 씨의 넓은 마음씨에 놀랐습니다.

모임이 끝난 뒤 함께 근처 식당에서 저녁을 먹었습니다. 이튿날 스케줄 걱정에 속이 좋지 않은 듯 식사를 거의 하지 못했지만, 즐겁게 이야기를 나눴습니다.

마지막에는 신세를 진 사람들에게 답례하고 싶다며 직접 지은 노래도 불렀습니다. 무슨 뜻인지는 잘 몰랐지만, 낭랑한 목소리와 풍부한 표정으로 노래하는 모습을 보고 있자니 마치 드넓은 중국의 산야가 눈앞에 펼쳐지는 듯한 느낌을 받았습니다.

헤어질 때 거기서 가장 나이가 어려서인지, 완아이화 씨는 제 손을 꼭 잡고 "산시 성에 놀러 오세요, 꼭!" 하고 말씀해 주셨답니다. 진심이 느껴져 가슴이 찡했습니다. 저는 지금 열여섯 살인데, 저보다 한살 어렸을 때 완아이화 씨는 그런 몹쓸 짓을 당하신거죠. 그럼에도 곁에 있는 동료들을 지켜 주었습니다. 그녀에게 그런 몹쓸 짓을 한 건 일본 군인들입니다. '그때는 전쟁 중이었기 때문에 어쩔 수 없었다.' 이렇게 말하면 끝나는 것일까요?

8

다시는 되풀이하지 않기 위하여

치렁한 머리, 눈매 순한 열여섯 처녀가 아니라도
이제는 돌아와 편히 쉬소서
우리의 든든한 무릎을 드리리니
식민지 여성으로 더 이상 능욕되지 않도록
오늘 작은 평화의 비를 세우리라
그대는 언제나 순결한 우리의 어머니

소녀들에게

• 가와세 마키코

'여성사연구회'おんな史研究会 회원 여러분, 아사코 씨, 아키, 유미, 문자 씨, 그리고 미에 씨, 노리코 씨. 젊은 여러분이 일본이 지난날 잘못을 저지른 역사를 진지하게 응시하고 학습하고, 앞으로 해야 할일을 고민하는 자세를 보고 얼마나 기쁜지 모릅니다. 그리고 한국 여성들의 활약에 비해 일본 여성인 저는 오래도록 이 문제를 정면으로 바라보지 못한 것을 부끄럽게 생각합니다.

이것은 과거에 일어난 일이지만 결코 과거의 일이 아닙니다. 지금까지 르포에 쓴 것처럼, 피해를 입은 분들은 50년 가까이 밤마다 꿈속에서, 그리고 하루하루 삶 속에서 여전히 지옥이 계속되고 있습니다. 또 그 일을 없었던 것처럼 은폐하고 덮어 온 전후 일본은 비슷한 범죄를 되풀이하고 있습니다.

'기생관광'이라는 말이 유행한 적이 있습니다. 1960년 무렵입니다. 한국으로 여행 가는 일본인 관광객이 문화나 자연을 구경하는 게 아니라, 매춘을 위해 가는 사람이 늘었다고 합니다. 시인 김지하의 〈서울길〉이라는 시에는 그 시대의 분위기가 잘 나타나 있습니다.

간다
울지 마라 간다
흰 고개 검은 고개 목마른 고개 넘어
팍팍한 서울길
몸 팔러 간다

언제야 돌아오리란
언제야 웃음으로 화안히
꽃 피어 돌아오리란
댕기 풀 안쓰러운 약속도 없이
간다
울지 마라 간다

모질고 모진 세상에 살아도
분꽃이 잊힐까 밀 냄새가 잊힐까
사뭇사뭇 못 잊을 것을
꿈꾸다 눈물 젖어 돌아올 것을
밤이면 별빛 따라 돌아올 것을
간다
울지 마라 간다

하늘도 시름겨운 목마른 고개 넘어

꽉꽉한 서울 길

몸 팔러 간다.

— 김지하 〈서울길〉, 1970

*원문에는 첫 번째 연만 실림, 전문은 옮긴이

한국의 여성 단체에서 이에 대한 문제제기를 하고 실태조사를 하게 되었지요. 그러던 중 식민지 시대의 '위안부' 문제와 마주하게 되었다고 합니다. 말하자면 현재의 범죄에서 과거의 범죄가 밝혀지게 된 것이죠.

그렇게 하여 윤정옥 교수는 '위안부'로 끌려갔던 여성들의 발자취를 찾아 오키나와에서 홋카이도로, 태국으로, 심지어 파푸아뉴기니아까지 취재를 떠나게 됩니다.

"1943년 12월, 내가 이화여자전문학교 1학년이었을 때 대일본제국이 조선반도 각지에서 미혼 여성들을 정신대로 끌고 가는 무서운 일이 빈번하게 일어났어요. 많은 학생들이 정신대로 끌려가지 않기 위해 결혼을 서두르거나 학교를 그만두기 시작했죠. 그러한 사태를 우려한 학교 측에서는 그런 일은 절대 없다며 자신들이 책임을 지겠다고 공언했습니다. 하지만 얼마 안 있어 우리는 국가총동원령에 응한다는 서류에 날인하게 됩니다. 나는 부모님의 권유로 학교를 자퇴해서 정신대를 피할 수 있었지만, 내 또래의 수많은 젊은 여성들은 일제에 의해 연행되어 갔습니다. 20세기에 일어난 이러한 무서운 일이 두 번 다시 되풀이 되어서는 안 됩니다. 그러기 위해 우리는 그때의 일을 잊지 않고 역사적으로 정리해 두어야 합니다."

1990년 6월, 일본 정부는 일본군 '위안부'에 대한 야당 의원의 질문에 "민간 업자가 끌고 간 것이지 국가가 관여하지 않았다. 따라서 실태조사 결과를 제출하는 것은 불가능하다"고 답변했습니다. 분노한 한국의 37개 여성단체는 항의를 담아 '공개서한'을 가이후 도시키海部俊樹 수상 앞으로 전달하게 됩니다.

그 가운데 일본 정부에 다음 6개 항목을 요구했습니다.

1. 일본 정부는 조선인 여성들을 종군 위안부로 강제 연행한 사실을 인정할 것

2. 그 사실에 대해 공식적으로 사죄할 것

3. 만행의 모든 것을 스스로 명백하게 밝힐 것

4. 희생된 사람들을 위해 위령비를 세울 것

5. 생존자와 유족들에게 보상할 것

6. 이러한 과오를 두 번 다시 되풀이 하지 않도록 역사교육 안에 이러한 사실을 기술할 것

서한에는 이러한 요구에 응하는 것이 바로 "일본이 이 같은 죄에서 해방되어 진정한 도의를 갖춘 민주주의 국가가 될 수 있을 것"이라고 기술되어 있습니다.

그런데 일본 정부는 이 공개서한에 회답하지 않았습니다. 이에 한국의 37개 여성 단체는 그해 11월 윤정옥 교수를 회장으로 하여 '한국정신대문제대책협의회'를 발족시켰습니다. 일본에서도 이러한 움직임에 촉발되어 '매매춘 문제 해결을 위한 모임'売買春ととりくむ会을 비롯한 여러 여성 단체가 활동을 시작했습니다.

또 그해 7월 부산에서는 '일제에 빼앗긴 소녀들, 정신대의 참상과 그 후'라는 제목으로 해방 45주년 기념행사가 열렸습니다. 이 자리에서 장정임 시인이 〈그대 조선의 십자가여〉를 낭독했습니다.

뉘라서 그대 피묻은 전신을 씻어

그대 찢긴 심장을 기워

온전히 잠들게 하랴

조국보다 먼저 짓밟히고

해방보다 먼저 잊혀진

역사의 눈물꽃이여

왜놈의 밑씻개 군수품으로 능멸된

박꽃 같은 그대

뉘라서 그대 원혼을 잠재울 수 있으리

슈셍야에 속아
황국모은 하라는 여성지도자 연설에 속아
세탁부 재봉사로 떠난 김서방 박서방의 딸
검정치마 흰 저고리 순결한 그대는
낮에는 노역 밤에는 위안부로 온몸이 찢기었네

호까이도 오끼나와 타이 파프아 뉴기니에서
하루에도 수백 번 능욕된 그대의 여성 그대의 인권
옷 벗겨 내쫓기고 절벽에서 투신할 때

어머니 어머니 피맺히게 불렀건만
그대 조국도 어미도 아비도 오라비도
그대 몸뚱어리가 부끄런 배반의 세월
제삿밥 한 그릇 없이
오십년 구천을 헤매었구나

그대 이 땅에 서럽고 아픈 십자가여
짓밟힌 들꽃으로 다시 일어서 피어나

부끄러움에 한스런 우리를 일으키고

치떨리는 배반의 조국을 어루만지는가

치렁한 머리, 눈매 순한 열여섯 처녀가 아니라도

이제는 돌아와 편히 쉬소서

우리의 든든한 무릎을 드리리니

식민지 여성으로 더 이상 능욕되지 않도록

오늘 작은 평화의 비를 세우리라

그대는 언제나 순결한 우리의 어머니

이제는 고이 날개를 접고

이제는 더 이상 헤매이지 말고

편히 쉬소서 편히 쉬소서

그대 조선의 십자가여

조선의 눈물 꽃이여

— 장정임,《그대 조선의 십자가여》(푸른숲, 1992) 가운데

이듬해 1991년 4월, 일본 정부는 "국가가 관여하지 않았다는 정부의 인식에 변함없나"라는 야당 의원의 질의에, "근거가 될 만한 자료가 없다" "당시 정부는 관여하제 않았기 때문에 상황을 파악할

수 없다"는 답을 내놓았습니다. 주한 일본대사관은 윤정옥 회장 등에게 "조사했지만 증거를 찾지 못해 사죄 등은 일체 할 수 없다" "보상 문제는 한일조약으로 해결이 끝났다"고 '설명'합니다.

그해 8월 김학순 씨(당시 67세)가 처음 자신의 이름을 세상에 밝혔습니다. 또 10월에는 오키나와 도카시키渡嘉敷 섬으로 끌려갔던 배봉기 씨가 일흔일곱 나이로 나하那覇 시내 자택에서 병사했다. 배봉기 씨는 박수남 감독의 기록영화 〈아리랑의 노래 − 오키나와의 증언〉에도 등장하여 깊은 인상을 남겼습니다. 가와타 후미코川田文子의 《붉은 기와집》赤瓦の家에 그이의 참혹한 생애가 잘 나타나 있습니다.

배봉기 씨가 일본군에 속아 끌려왔다는 사실을 알게 된 것은 10·10 대공습 직후 나하에 도착한 날도 아니고, 도카시키 공습이 시작되던 날도 아니며, 일본의 패전으로 진지를 내려왔을 때도 아닙니다. 이시카와石川 수용소를 나와 홀로 오키나와 땅을 밟았을 때였습니다. 자신이 일본군에게 속아 끌려와 '황군 병사의 선물'로 농락당하다 비참하게 버려졌다는 사실을 말입니다. 일본이라는 국가의 잔혹함을 다시 한 번 깨닫게 됩니다.

알지도 못하는 땅에서 말도 통하지 않고 돈도 없고 아는 사람도 없이 '황군'의 작업화를 신고 목숨을 부지하기 위해 성性을 팔며 오키나와 이곳저곳을 몽유병 환자처럼 헤매고 다녔던 배봉기 씨입니다.

그해 연말에 김학순 씨를 비롯한 과거 일본군 '위안부'였던 세 분 (현재 11명)은 강제 연행된 군인·군속 유족들과 함께 일본 정부를 상대로 도쿄지방법원에 소송을 냈습니다. 그때까지도 일본 정부는 "정부가 관여했다는 자료는 발견하지 못했다"라는 말만 되풀이하고 있었습니다. 정대협은 항의 공개서한을 일본대사관에 전달하고 항의 집회를 열었습니다. 또 매주 수요일마다 정기 집회를 결의하고 지금까지 이어 오고 있습니다. 한국 정부도 일본 정부의 발언에 대해 "역사적 사실을 규명해 달라"며 강하게 요청하고 있습니다.

1992년 1월, 구 일본군의 '위안소' 설치, 통제를 증명하는 문서와 진중일지陣中日誌가 방위청 방위연구소 도서관에 소장되어 있다는 것을 주오대학 요시미 요시아키吉見義明 교수가 발견하게 됩니다.

그 가운데 1938년 작성된 것으로 보이는 〈군 위안 종업부 등 모집에 관한 건〉軍慰安從業婦等募集の件(부관이 북지나 방면 군 및 중지나 파견군 참모장 앞으로 보낸 통첩 안)에는, "지나사변(중일전쟁) 전지에 위안소 설치를 위해 내지에서 종업부 등을 모집하는 데 있어" 업자들이 트러블을 일으켜 경찰 업무에 방해가 되는 일이 많기 때문에 앞으로 "파견군이 통제하고 이에 준하는 인물이 선정을 적절히 주도하며, 그 실시에 대해서는 관계 지방 헌병 및 경찰 당국과 긴밀히 연락하여 군의 위신 유지 및 사회 문제에 실수가 없도록 배려할 것을 통첩함. 육군 지나 비밀 제745호 쇼와 13년 3월 4일"이라고 명기되어 있습니다.

거듭 "자료는 발견하지 못했다"고 항변하던 일본 정부도 방위청 자료가 발견되자 결국 1월 13일 가토 고이치加藤紘一 관방장관이 "당시 군의 관여는 부정할 수 없다"며 그동안의 자세를 크게 바꾸는 담화를 발표하게 됩니다. 17일에는 마침 한일 정상회담을 위해 방한 중이던 미야자와 기이치宮澤喜一 수상이 노태우 대통령에게 이 문제에 관해 "군이 어떤 형태로든 관여했던 사실은 부정할 수 없다"며 "필설筆舌로 다 하지 못할 고통에 대해 충심衷心으로 사죄와 반성을 표하고 싶다"며 공개 사죄하기에 이릅니다.

미야자와 수상의 발언이 나온 다음 날, 신문에는 주한 일본대사관 앞에서 격한 시위가 있었다는 보도가 이어졌습니다. 김학순 씨도 그 자리에 함께했는데, 형식적인 사죄만으로는 납득할 수 없다며 다음과 같이 주장합니다.

"예전엔 일본 사람들이 너무 무서웠어요. 위안부였다고 이름을 밝히면 화난 일본인한테 살해당하는 건 아닐까 불안했습니다."

그해 5월에 있었던 제7회 한일 국교정상화 교섭에서 북한 측도 이경생(당시 74세) 씨를 거론하며 "일본은 일본군 '위안부'에 대해 보상해야 한다"고 촉구합니다. 이경생 씨는 1929년 열두 살 어린 나이에 일본 경찰에 연행되어 철조망으로 둘러싸인 군수공장 '위안소'의 '위안부'가 되었습니다. 다른 소녀 네 명도 함께였습니다. 평일에는 7~8명, 일요일에는 15~20명, 일본인 감독이나 경비 담당 일본군의 성노예가 된 것입니다. 함께 끌려간 열세 살 소녀는 출혈이 심해 사망했다고 합니다.

이에 대해 일본 측은 "조사 중이므로 공식적으로 답할 수 없지만, 재산권, 청구권의 틀 안에서 검토하고 논의할 용의는 있다"고 답변했습니다.

두 달 뒤 7월 일본 정부는 〈조선반도 출신 이른바 종군 위안부 문제에 관하여〉라는 제목의 조사 결과(127건의 자료)를 공표하고, 국가가 직접 관여했음을 공식적으로 인정하게 됩니다. 이에 대해 정대협은 무엇보다 철저한 진상 규명이 우선되어야 한다는 취지를 일본 정부에 전달하고 유엔 인권위원회에도 제소합니다. 또 8월에는 아시아여성신학교육원과 공동 주최로 '위안부 문제 아시아 연대회의'를 열고 한국, 일본, 타이완, 필리핀, 태국, 홍콩의 여성 단체 대표가 참가한 가운데 '강제 종군 위안부 문제 아시아연대'强制從軍慰安婦問題アジア連帶를 발족하게 됩니다.

1993년 3월, 김영삼 대통령은 '위안부' 할머니들의 생활 지원은 한국 정부가 마련한다고 발표하고, 일본 정부는 어중간한 기금으로 해결하려 하지 말고 철저하게 진상을 규명하라고 요구합니다. 마음속에서 우러나오는 사죄와 보상이 이루어져야 한다는 것입니다.

여기서 한 가지 떠오르는 게 있습니다. 제2차 세계대전에서 일본과 마찬가지로 파시즘 국가였던 독일의 전후 행보입니다.

서독은 1951년 "독일 민족의 이름으로 말로 다 할 수 없을 만큼 큰 범죄가 벌어졌다. 그 범죄에는 도의적·물질적 보상 의무가 뒤따라야 할 것이다"라는 정부 성명을 발표하고, 유대 민족을 비롯하여 나치에게 박해받은 희생자들에게 다양하고 방대한 보상을 실행해 오고 있습니다. 바로 얼마 전에도 독일 외무부는 나치의 잔학행위에 희생된 러시아, 벨로루시, 우크라이나 사람들에게 10억 마르크의 보상금을 지불한다고 발표했습니다.

또 1970년에는 빌리 브란트 서독 총리가 유대인 게토(강제 거주 지구)에 세워진 기념비를 찾아 나치 독일의 죄에 용서를 구하기도 하고, 1985년 5월 8일 바이츠제거 서독 대통령은 독일 패전 40주년에 즈음하여 연방의회에서 역사에 길이 남을 격조 높은 연설을 한 바 있습니다.

"죄의 유무, 노소를 불문하고 우리 모두가 과거를 이어 받지 않을 수 없습니다. 모두가 과거로부터의 귀결과 관련이 있으며 과거에 대한 책임을 지지 않으면 안 됩니다. 과거에 눈을 감아 버리는 사람은 결국 지금도 앞을 보지 못하게 됩니다. 비인도적 행위를 마음에 새기려고 하지 않는 사람은 또다시 그런 위험에 빠지기 쉽습니다."

1992년 10월, 저는 한국에 가게 되었는데, 마침 구룡사에서 불교 인권위원회 주최로 '정신대 영가靈駕 합동추도제'가 열린다는 소식을 들었습니다. 그래서 찾아갔지요. '위안부'로 끌려가 살해당한 여성들의 영혼을 위로하는 대법요였습니다. 그 자리에 강덕경, 이용수, 김학순 씨의 모습도 보였습니다. 스님들의 독경과 음악, 무용, 3백 명 가량 참석자들의 오체투지五體投地(신체의 다섯 부분 즉 양 무릎과 양 팔꿈치, 이마를 땅에 닿게 절하는 것 — 옮긴이)와 독경이 이어졌습니다. 소리 내어 우는 사람도 있었고 이들을 위로하는 사람도 있었습니다. 몸 안에 희생자의 영혼이 깃든 것이겠죠. 네 시간이나 되는 법요였지만 참가자들은 온 마음을 다해 기원했습니다. 50년 가까이 아시아 태평양지역 이곳저곳에 내던져진 소녀들의 영혼이 비로소 위로받고 하늘로 올라갔을 겁니다.

"하루도 빠짐없이, 날마다 기다렸어요. 이제야 기억해 주었군요." 하고 속삭이는 소녀들의 목소리가 들리는 듯했습니다.

"일본인들이 언제 참회할지 하늘에서 내려다 볼 거예요" 하고도 말하는 것 같았습니다.

머나먼 남쪽 섬에서, 혹한의 북쪽 땅에서 병들어 죽어 간 소녀들. 끝까지 저항하다 잔인한 폭행 끝에 살해당한 소녀들. 너무 고통스러워 강물에 몸을 던진 소녀들. 일본군이 도망치던 날 폭살당한 소녀들.

일본 정부가 책임을 지고 그녀들을 잊지 않고, 그녀들의 원통함을 마음속에 새기어 이제 노년기에 접어든 '위안부' 여성들 한 명 한 명에게 진정으로 용서를 구하고 응분의 보상을 해야 할 것입니다. 또 다시 이런 일이 되풀이 되지 않도록 역사교육을 통해 다음 세대로 진실을 전달해야 할 것입니다. 아시아의 우호는 여기서부터 출발해야 합니다.

20세기도 이제 얼마 남지 않았습니다. 바야흐로 새로운 세기가 시작되려 하고 있습니다만, 오히려 노골적인 폭력이 여기저기서 일어나고 있습니다. 그런 흐름을 타고 헌법 제9조까지 무시하고 자위대의 해외파병을 결정해 버린 일본을, 순진무구한 소녀들의 영혼은 어떻게 바라보고 있을까요? 평화는 무력으로는 오지 않는다는 것을, '성전'의 정체를 온몸으로 알아 버린 소녀들은.

다음은 싱가포르 일간지 《스트레이츠 타임스》 사설에 실린 글입니다.

"유엔 평화유지활동PKO에 참가하겠다는 일본의 요구를 지지하는 건 알코올중독자에게 위스키를 주는 것과 같은 행위다. 리콴유 싱가포르 수상의 우려를 수많은 아시아 사람들도 느끼고 있다." (1992월 6월 12일)

나아가 그 원인은 일본인들이 '대동아전쟁'에서 나쁜 짓을 저질렀다는 관념이 희박하기 때문이라고 지적합니다. 제 귀에는 '국제 공헌'이 자꾸 '성전'이라는 말로 들렸습니다.

"일본의 군대는 더 이상 아시아에 오지 말았으면 한다. 그러기 전에 먼저 50년 전에 벌인 '성전'에 대해 응분의 보상을 어떻게 하면 좋을지 가슴에 손을 얹고 생각하기 바란다. 잘 생각해 보도록……" 하고 말하는 소녀들의 목소리가 들려오는 듯합니다.

올 한해는 왠지 열심히 공부한 것 같아 뿌듯하단다. 그것도 머리로 하는 공부가 아닌 마음으로 하는 공부 말이야. 학교 문화제와 마을 문화제에 곧 오르게 될 연극이 그 결과물이라 할 수 있지. '짜자잔' 하고 말이야.

그런데 시나리오를 조금 손봐야 할 것 같아. 수정은 미에가 중심이 돼서 문자랑 내가 함께 하기로 했어.

일본군 '위안부'로 끌려간 소녀 역을 주인공인 영자의 큰 숙모로 설정해 보려고 해.

"인간의 신체는 어느 한 부분도 장난감처럼 다뤄져서는 안 된다고 생각해. 그런 것도 모르면서 야마토 민족이라고 우쭐대지 말라고." "숙모님! 당신의 몸은 절대 더럽지 않습니다. 당신은 더러운 여자가 아닙니다. 더러운 것은 당신을 아무렇지도 않게 강간한 일본군들이죠. 그것을 내부에서 국책으로 권장한 대일본제국의 지도자들이야말로 가장 더러운 무리들입니다."

미에가 생각해 낸 대사야. 정말 그런 것 같지 않니? 미에는 말은 잘 못해도 이렇듯 아이디어는 대단해.

연극이 성공적으로 마칠 수 있도록 기도해 줘. 문화제를 준비하는 과정에서 얻은 가장 큰 수확은 우리 반 남자아이들이 정신적으로 성장할 수 있었던 게 아닐까 해. 문자도 미에도 요즘 눈빛이 반짝 반짝하단다.

— 아키가

마을 문화제까지 진출하다니, 정말 굉장하네. 미에가 각색한 대사 내용에 나도 전적으로 동감이야. 강간을 저지른 쪽은 전쟁 때라 어쩔 수 없었다고 하고 뒷날 보통 시민으로 돌아와 아무렇지도 않게 생활하는데, 피해 여성들은 고향으로도 돌아가지 못하고 말이야. 뭔가 거꾸로 된 것 같아. 그리고 피해 여성들에 대한 편견도 너무 큰 것 같아. 만약 내가 피해 여성 처지라고 해도 실명을 드러내기까지는 정말 엄청난 용기가 필요했을 것 같아.

그 여성들의 용기를 헛되게 하면 벌 받을 거야. 그런데 우리 학교에서는 아키코 너네 반처럼 뭔가를 추진하는 게 아직은 만만치 않은 것 같아. 그래도 조금 이야기가 통할 것 같은 음악 선생님께 가와세 씨 르포를 보여 드렸어. 그 선생님은 교과서에 나오지 않는 노래를 가르쳐 주시기도 하고, 아이들의 마음을 이해해 주려고 애쓰시는 분이야.

그리고 노리코랑 둘이서 한국 아주머니께 일주일에 한 번 한국어를 배우기로 했어. 문화도 배우고, 너무 재미있어. 일본의 '나라'奈良라는 지명과 발음이 똑같은 말이 한국에도 있는데, '국가'라는 의미래. 고가한테 이 말을 했더니 영한사전을 보내 줬어. 그 사전으로 '소녀'라는 낱말, '사랑'이라는 낱말도 찾아 봤지. 고가도 한 권 샀대.

막연하게 생각해 봤는데 서로 사랑하는 사이라면 언제가 됐든 같이 살고 싶은 마음이 들 것 같아. 그리고 육체적으로도 하나가 되고 싶을 것 같아. 사랑이라는 것은 무엇보다 인간으로서, 이성으로서 끌려야 하고 서로 존중하는 마음이 있어야 가능하다고 생각해.

그런데 여자의 마음은 아랑곳하지 않고 섹스만 하려고 한다면 정말 최악일 거야. 그게 강간이 아니고 뭐겠어?

남자들만의 문제는 아니겠지. 얼마 전 뉴스에 나왔는데, 여자들도 해외여행에서 가볍게 놀거나 미군기지 클럽에 가서 백인 남자를 유혹하거나 호텔에 가거나 한대. 왠지 마음이 슬퍼지네.

한국 아주머니께 아주 아름다운 '사랑' 이야기를 들었어. 1926년에 만들어져 지금도 한국에서 사랑받는 동요 〈고향의 봄〉을 작사한 분의 이야기야.

> 나의 살던 고향은 꽃피는 산골
> 복숭아꽃 살구꽃 아기 진달래
> 울긋불긋 꽃 대궐 차리인 동네
> 그 속에서 놀던 때가 그립습니다

이원수라는 분이 열다섯 살 때 쓴 거래. 또 같은 해에 최순애라는
열세 살 소녀가 〈오빠 생각〉이라는 동시를 발표했대. 이 시도 동요
로 만들어져 지금까지 큰 사랑을 받고 있다는 구나.

> 뜸북뜸북 뜸북새 논에서 울고
> 뻐꾹뻐꾹 뻐꾹새 숲에서 울제
> 우리오빠 말타고 서울 가시면
> 비단구두 사가지고 오신다더니

그런데 재밌는 건, 이 두 소년·소녀가 편지로 애틋한 마음을 주고
받게 되었다는 거야. 10년이 지나 두 사람은 처음 만나기로 했는데,
바로 그날 소년은 그만 조선총독부에 체포되고 말았지. 이듬해 석
방되어 두 사람은 여러 사람들의 축복 속에 결혼했다는 이야기. 아

주머니가 두 사람의 사진을 보여 주셨는데, 서로를 사랑하는 마음이 물씬 느껴졌어.

이 세상에 폭력과 지배는 필요치 않아. 폭력이나 지배는 용기와 반대 개념인 것 같아. 그리고 누가 됐든지, 사람을 도구로 삼을 권리 따윈 없어. 아무리 위대한 목적을 가진 것이라 해도 말이야.

올 한 해는 인간의 존엄이라는 것, 또 사랑에 대해도 많이 배운 것 같아.

— 유미가

어느덧 20년 세월이 흘러
• 미네 아사코

가와세 마키코 씨께.

보내 주신 뉴스레터 〈개구리의 노래〉, 고맙습니다.

그곳은 여전히 개구리들 합창 소리가 들리겠지요? 그러고 보니 개굴개굴 울어 대는 소리도 들어 보지 못한지 꽤 오래 된 것 같네요. 자연과 멀어지고 있다는 증거겠죠.

생각해 보면 가와세 씨의 권유로 '가니타 여성마을'을 찾은 지도 벌써 20여 년이란 세월이 흘렀네요. 길다면 길고, 짧다면 짧은 20

년 세월. 가와세 씨도 어머님 병간호를 위해 시골에 내려 가신 지 꽤 되었죠?

그때 고등학생이었던 제가 지금은 한 아이의 엄마가 되었어요. 그리고 사립 T중학교에서 사회 과목을 가르치는 교사이기도 하구요. 얼마 전 역사 수업에서 일본군 '위안부' 문제를 다루었어요.

지금은 돌아가시고 안 계시지만, 학생들에게 강덕경 할머니 이야기를 들려주었어요. 그래도 할머니들의 보금자리 '나눔의 집'에 들어가셔서 재능이 있는 그림으로 마음껏 속내를 표현하실 수 있어서 다행었다 싶어요.

강덕경 할머니가 그린 그림 가운데 커다란 벚꽃나무를 형상화한 그림이 인상적이었어요. 나무줄기를 군인으로 표현하셨죠. 군인의 하체에서 뻗어 내린 수십 갈래의 뿌리들이 마치 뱀처럼 보였답니다. 또 군인의 손은 벌거벗은 채 얼굴을 손으로 가리고 나무 옆에 누워 있는 소녀에게로 향하고 있었죠. 나무 밑에 켜켜이 쌓인 해골은 생명을 빼앗긴 소녀들의 원혼이 소리 없는 아우성을 치고 있는 것처럼 보였어요. '빼앗긴 순정'이라는 그림 제목처럼 말이죠.

일본 정부가 고노 관방장관의 이른바 '고노 담화'(1993년 8월 4일)를 통해 국가가 관여했음을 정식으로 인정한 것도 아이들에게 설명해 주었습니다. 좀 길지만 다시 한 번 그 내용을 살펴보는 것도 의미가 있을 것 같아 복사를 해서 나눠 주었습니다.

이번 조사 결과, 장기적으로 또한 광범위한 지역에 걸쳐 위안소가 설치되었고, 많은 수의 종군 위안부가 존재했다는 사실이 인정되었다. 위안소는 당시 군 당국의 요청에 의해 준비된 것으로, 위안소의 설치, 관리 및 위안부의 이송에 관해서는 구 일본군이 직접 또는 간접적으로 여기에 관여했다. 위안부의 모집에 관해서는 군의 요청을 받은 업자가 주로 담당했으나, 이 경우에도 감언이나 강압에 의하는 등 본인들의 의사에 반해서 모집된 사례가 많이 있으며, 더욱이 관헌 등이 직접 이 일에 가담한 사실도 있다는 것이 밝혀졌다. 또한 위안소의 생활은 강제적인 상황 아래에서 벌어진 처참한 것이었다.

그리고 전쟁터로 이송된 위안부의 출신지는 일본을 제외하면 조선 반도가 큰 비중을 차지하고 있다. 당시 조선반도는 우리나라의 통치 아래 있었는데, 그 모집과 이송, 관리 등도 감언이나 강압에 의하는 등 총체적으로 본인들의 의사에 반하여 이루어졌다.

결국 본 건은 당시 군의 관여 아래 수많은 여성의 명예와 존엄에 깊은 상처를 입힌 문제다. 정부는 이 기회에 다시 한 번 그 출신지 여하를 불문하고, 이른바 종군 위안부로 엄청난 고통을 겪어 몸과 마음에 치유되기 어려운 상처를 받은 모든 분들께 진심으로 사죄와 반성의 뜻을 전한다. 또한 이러한 뜻을 우리나라가 어떻게 보여 줄 것인가에 관한 것은 학자나 전문가의 의견도 구하면서, 앞으로도 진지하게 검토해야 할 사안이라고 생각한다.

우리는 이러한 역사의 진실을 회피하지 않고, 오히려 이것을 역사의 교훈으로 직시해 나가고자 한다. 우리들은 역사 연구와 역사 교육을 통해 이러한 문제를 오랫동안 기억함으로써, 결코 똑같은 잘못을 반복하지 않겠다는 굳은 결의를 다시금 표명한다.

덧붙이자면, 본 문제에 관해서는 우리나라에서 소송이 제기되어 있고 또 국제적으로도 관심이 쏠리고 있는데, 정부로서는 앞으로도 민간의 연구를 포함하여 많은 관심을 쏟고자 한다.

*원문에는 고노 담화 일부만 게재, 전문은 옮긴이

고노 담화 속에는 "진심으로 사죄와 반성의 뜻"이 표명되어 있지만, 어떤 식으로 해결할지에 대해서는 구체적으로 제시한 게 없습니다. 그래서 피해자들은, 한 사람 한 사람에게 공식 사죄하고 보상해 줄 것을 요청하고 있는 상황이라는 것을 알려 주었습니다.

제2차 세계대전 때 일본계 미국인들을 차별하고 강제 수용소에 수감했던 미국은, 1989년 "기본적 자유와 헌법으로 보장되어야 할 권리를 침해"했음을 인정했습니다. 미국 대통령이 직접 쓴 사죄의 편지와 함께 피해자 한 사람당 2만 달러의 손해배상금을 지급했습니다. 11년에 걸쳐 피해자 82,210명과 그 유족에게 총액 16억 달러를 배상했다고 합니다. 그리고 이 문제를 학생들에게 가르치기 위해 총 12억54만 달러의 교육기금을 설립했다고 합니다.

학생들은 이 이야기를 듣고 놀라더군요. 한 학생은 "일본 정부는 미군기지 문제 등에는 미국이 시키는 대로 하면서, 왜 미국의 좋은 사례는 따라하지 않는 건가요? 이상해요!"라는 감상을 남기기도 했습니다.

가와세 씨도 물론 알고 계시겠지만 피해자 할머니들이 일본 정부의 사죄와 보상을 청구한 재판에서 야마구치지방법원 시모노세키지부 판결(1998년 4월 27일)에서는, '고노 담화'에서 보상의 필요성을 분명하게 인정했음에도 그에 필요한 입법을 하지 않은 국회에게 '부작위'(마땅히 해야 할 일을 일부러 하지 않음 — 옮긴이)의 위법이 있다며 국가에 배상할 것을 명령하였지요.

지방법원 판결문에 "확실하다고 생각되는 사실"을 "인정"한 원고 가운데 한 사람은 하순녀(1918~2000) 씨입니다.

이 분은 가난한 집에서 태어나, 1937년에 양복을 입은 일본인과 한복을 입은 조선인한테서 돈을 벌 수 있는 일자리가 있다는 말을 듣게 됩니다. 어떤 일을 하는 곳인지도 모르고 무작정 따라나섰죠. 당시 열아홉 살이었습니다. 상하이 육군부대 위안소라는 간판이 걸린 건물로 끌려가 작은방을 배정 받은 다음 날, 카키색 군복을 입은 남자가 방으로 들어와서 구타하며 옷을 강제로 벗겼습니다. 도망치려고 했지만 열쇠가 채워져 있어서 도망가지 못했죠.

바로 그 이튿날 아침 9시부터 새벽 2시까지 군인에게 계속 강간당했습니다. 임금은 위안소 주인 아내가 받았고, 하순녀 씨는 한 푼도 받지 못했다고 합니다. 너무 고통스러워 아는 중국인 집에 가정부로 보내 달라고 애원해 보았지만 허사였습니다. 두들겨 맞기만 했죠. 그러던 어느 날 드디어 그곳에서 탈출하는 데 성공하는가 싶었지만, 도로 붙잡혀 들어와 주인에게 떡갈나무 곤봉으로 온몸을 두들겨 맞았습니다. 머리를 맞아 피를 심하게 흘렸죠. 그 때문인지 지금도 두통이 심하고 가끔 머릿속이 백지 상태가 된다고 합니다.

패전 후, 주인 부부도 군인도 모두 달아나고 홀로 남겨진 하순녀 씨는 중국인 아주머니와 함께 상하이까지 올 수 있었습니다. 그 후 귀국선에 올라 겨우 고향으로 돌아가게 되었답니다. 아버지는 이미 돌아가셨고, 어머니께는 군인들에게 밥해 주는 일을 하다 왔다고 거짓말을 했다고 합니다.

이후 계속 숨기고 살다가 소송에서 처음으로 실명을 공개하게 되었고, 재판부는 원고 측의 증언 내용을 전적으로 받아들였다고 합니다.

"본 재판에 있어 동 원고들의 진술과 공술은 오히려 동 원고들이 밝히기 어려웠던 원原체험에 속하는 것으로, 그 신뢰성을 높이 평가한다. 반증이 전혀 없는 본건에 대해서는 모든 것을 채용해야 할 것이다"

2012년에는 산시山西 성의 한 부대에서 장병들에게 콘돔을 지급하고 조선인 '위안부' 성병 검사를 담당했던 전직 일본군 위생병 마쓰모토松本 씨가 의원회관에서 증언을 해주었습니다. 도망갈 수 없는 환경에서 여성 6~7명이 50명이 넘는 일본군 장교의 욕정 대상이 되어야 했다고 말했습니다.

이처럼 명명백백한 문제임에도, 한때는 역사 교과서에 기재되어 있던 '위안부'에 관한 서술이, 요새 어떤 출판사에서 펴낸 교과서에 삭제되었다고 하니 참으로 안타까울 따름입니다.

예전에 공립 중학교 강사로 일할 때 역사 수업에서 '위안부' 문제를 다룬 적이 있습니다. 그때 학생들을 추적 조사하여 그들의 감상에 어떤 변화가 나타나는지 알아보았습니다.

"우리 또래 여자들이 이렇게 심한 일을 당하다니!" "알게 되어 다행이다!" "아시아 사람들과 만날 때 반드시 알아둬야 할 일!" "피해자 한 사람 한 사람에게 편지를 보내 사죄해야 한다." "전쟁이 문제다. 전쟁을 절대 일으켜선 안 된다." 대부분의 학생들이 성실한 답변을 해주었습니다. "다른 학교에서 온 학생들이 이 사실을 전혀 배우지 못한 것이 유감이다. 모든 학교에서 가르쳐야 한다"는 의견을 보내 온 학생도 있었어요.

그러고 보니 또 전해 드릴 뉴스가 있네요. 제 여동생 아키코가 한국에 유학 가 그곳에서 한국인 남자를 만나 결혼했어요. 제부는 한국과 일본을 오가며 무역업에 종사하는 사람이에요. 얼마 전에 아기도 태어났어요. 제가 드디어 이모가 되었군요. 아기 사진 같이 첨부할게요.

아키코는 한국에 있을 때 수요시위에 빠지지 않고 참석했다고 해요.

1992년 1월 8일 시작되어 매주 수요일 비가 오나 눈이 오나 주한 일본대사관 앞에 모여 항의 집회를 열어 왔는데, 작년(2011) 12월로 1천 회를 맞았다고 하네요.

이를 기념해서 《20년간의 수요일》(윤미향, 웅진주니어, 2010)이라는 제목으로 책도 출판되었다고 해요. 아키코가 보내 줬답니다. 집회에는 할머니들과 지원 단체뿐 아니라 다양한 사람들이 참여하고, 고등학생들도 오는 모양이에요.

한국에서는 젊은 세대가 일본군 '위안부' 문제에 관심을 갖고 열심히 공부하고 있다고 해요. 그런데 일본에서는 정치인 비롯한 많은 이들이 있었던 일을 없었던 일로 하려 하고, 심지어 역사에서 삭제하려고 하죠. 이러한 차이를 어떻게든 메우지 않으면 안 될 것 같아요.

정대협 상임대표 윤미향 씨는 《20년간의 수요일》 마지막에 부분에 이렇게 적고 있어요.

일본군 '위안부' 피해자 할머니들의 희생이 헛되지 않도록, 할머니들의 유언이 실행되는 그런 세상을 위해 우리가 할 수 있는 것은 무엇일까요? 비록 시작은 언제나 미약한 '하나'일 뿐이지만, 모두가 염원하면 하나가 '둘'이 되고 또 '열'이 되고 '백'이 되고 '천'이 되는 날이 꼭 오게 마련이라는 것을 우리는 지난 20년간의 수요일을 통해 깨닫게 되었습니다. 할머니들의 당당한 외침이 세상을 바꾸는 거대한 희망이 되는 날, 할머니들이 그토록 바랐던, 모두가 평화로운 세상은 기필코 찾아오겠지요.

오랜 세월동안 자신을 더러운 몸이라고 부끄러워하고 고개를 숙이고 살아온 피해자 할머니들은 지금 어깨를 당당히 펴고 의연히 집회에 참가하고 계십니다. 고 김학순 할머니의 용기 있는 행동이 세상을 바꾸어 간 것이라 생각해요.

2011년 일본에서 동일본 대지진이 발생했지요. 그때 할머니들은 윤미향 대표에게 이렇게 말씀하셨다고 해요.

"이번 수요시위는, 우리 문제는 잠시 접어 두고 일본 피해자를 위한 추도 집회로 하십시다."

그렇게 뜻을 모아 길원옥, 김복동, 이순덕 세 할머니께서 각각 10만 원씩 봉투에 넣어 피해자 지원 모금을 시작했다고 해요.

일본군에게 혹독한 일을 당하고도, 할머니들이 고통에 빠진 일본 피해자들에게 따뜻한 온정을 전달해 주었다고 생각하니 가슴이 먹먹해졌습니다.

20세기 말의 여성법정

• 가와세 마키코

미네 아사코에게

편지 고마워요. 개구리들의 합창 소리를 들으며 오랜만에 편지를 씁니다.

20년 동안 정말 온갖 일이 있었네요. 강덕경 씨가 돌아가신 지도 벌써 16년, 김학순 씨는 15년이 흘렀네요.

친구와 함께 김학순 씨 댁을 찾았을 때가 생각납니다. 언덕에 자리한 작은 방. 서랍장 하나밖에 없는, 몸 하나 편히 뉘일 수 없는 작디작은 방이지만 정말 깨끗하게 정리해 놓으셨죠. "매일 아침 일어나면 먼저 동네 언덕 아래에서부터 위까지 청소를 한답니다. 청소가 끝나면 집에 돌아와 신문을 구석구석 읽어 보고 아침을 준비를 해요. 신문은 세계의 동향을 알 수 있어서 두서너 부를 배달시켜 보고 있어요."

이 말씀에 나도 모르게 고개가 숙여지더군요.

"처음 일본에 가서 증언할 때, 내 얼굴이 상당히 굳어 있었죠? 그때 일본에 가면 살해당할지도 모르니 가지 말라고 주변에서 만류했어요. 그래도 좋다고, 어떻게 해서든 민간 업자가 멋대로 끌고 간 거 아니냐고 꼭 말하고 싶었어요. 그래서 아마 무서운 얼굴을 하고 있었던 것 같아요."

그때 필사의 각오로 일본에 오신 것이라는 사실을 알고 나니 숙연한 마음이 들었어요.

그리고 보니 황금주 씨도 얼마 전에 돌아가셨네요.

내가 만나 뵌 '위안부' 피해 여성 가운데 가장 건강하신 분은 이제 이용수 씨 한 분이네요.

이용수 씨는 여러 차례 증언하고 항의하러 일본에 오셨죠. 2007년에는 하버드대학까지 가서 케네디스쿨에서 증언하셨고, 미국 '연방하원 121호 결의'를 이끌어 내는데 큰 공헌을 하셨어요. 이 결의를 이끌어 내는데 중요한 역할을 한 또 한 분은 강제 수용자들을 위해 싸워 온 일본계 의원이라고 들었어요.

그리고 보니 20세기 마지막 12월 8일, 아사코 씨, 아키 씨, 미에 씨와 나란히 친구들 여럿이서 '일본군 성노예를 재판하는 여성 국제전범 법정'을 방청했던 기억이 나네요. 그 무렵 아사코 씨는 아마 막 교사가 되었을 때고 아키코는 대학생이었을 거예요. 그리고 강덕경 씨, 김학순 씨는 영정 사진으로 참가했구요.

남한, 북한, 중국, 타이완, 필리핀, 인도네시아, 동티모르, 말레이시아, 네덜란드 등 아홉 나라의 피해자들이 줄지어 일본 정부에 항의하러 갔었죠.

그리고 필리핀 팡팡가 주 칸다바 시 마파니케 마을에서 온 여성

아홉 명이 참가한 것도 그때였죠? 50년의 침묵이 깨지는 순간이었어요.

1944년 11월 13일, 조용하던 마파니케 마을에 갑자기 일본군이 들이닥쳐 학교 운동장에 소집된 주민들. 남자들은 가족들이 보는 앞에서 차례로 총살당했고, 남은 부녀자들은 트럭에 태워지거나 빈 집으로 끌려가 강간당하고. 벌거벗겨져 기관총으로 두들겨 맞고. 그리고 내팽개쳐졌으나 마을은 온통 불타 돌아갈 곳도 없고 먹을 것도 없어 밭을 전전하며 생활할 수밖에 없었다고.

1992년에는 얼굴이 알려지는 게 두려워 칸막이 뒤에서 증언했던 타이완 여성. 그 후 8년이 지난 지금은 자신의 이름을 밝히는 여성들이 늘어났다고 해요. 그 가운데 가오파오추高玉珠 씨는 열일곱 살 때 소집 통지서를 받고 광둥으로 싱가포르로, 버마 등지를 전전하며 '위안소'를 옮겨 다녔다고 합니다. "도망갈 수도 자살할 수도 없었어요" 하고 증언했습니다.

법정은 이틀 동안 열렸는데, 4명의 재판관(미국, 영국, 아르헨티나, 케냐)이 재판을 진행했지요. 피해 여성들은 일본 쇼와 천황에게 유죄 판결을 내리고, 일본 정부는 진심으로 사죄하고 생존자에게 보상하도록 촉구했습니다.

재판 첫머리에 재판관은 몇몇 피해자들의 증언을 방청객에게 전달해 주었어요. 그 내용은 우리 모두에게 깊은 감동을 주었죠.

재판관은 이름을 밝히고 증언해 준 피해자의 용기에 박수를 보내며, 이 법정의 목적이 "복수가 아닌 정의이며 생존한 이들을 위한 것이 아닌 죽은 자, 그리고 다음 세대를 위한 것"이라고 엄숙하게 선언했답니다.

판결을 듣고 단상에 모두 올라가 환호하며 손수건을 흔들던 각국 피해자들의 모습이 지금도 눈에 선합니다.

그런데 새로운 세기를 앞둔 지금 일본의 상황은 어떨까요? 유감스럽게도 일본은 하나도 변한 것이 없어요. 일본 국내에서 처음으로 이의를 제기한 사람은 재일 한국 여성 송신도(1922~) 씨였어요. 대표도 없는 독특한 단체 '재일 위안부 재판을 지지하는 회'가 전면 지원한 송신도 씨의 재판은 2003년 최고재판소에 상고했으나 기각되어 버렸죠.

"전쟁은 안 돼! 전쟁을 일으키지 말라! 당신들, 지킬 수 있나!" 송신도 씨가 모임에 참가한 한 젊은 남자에게 외친 말이에요.

"전쟁 지역에 나가 일하면 돈을 벌 수 있다. 혼자서도 살아갈 수 있다. 나라를 위해 일하지 않겠나?" 하는 감언이설을 믿고, 점령 직후 중국 우창武昌 '위안소'에 내던져진 아무것도 모르던 소녀.

"도망가려 해도 어떻게 가야할지 길을 몰랐어요. 처음에는 울기만 했는데, 군인들이 시키는 대로 하지 않으면 두들겨 맞아야 했죠. 군인은 칼로 위협했어요. 목숨이 아까워 죽기는 싫었죠. 그래서 군

인이 시키는 대로 해야 했죠. 맞지 않으려고 죽지 않으려고, 일본말
도 필사적으로 익혔죠. 정말 열심히 했어요."

송신도 씨는 뱃속에서 사산된 태아를 아무도 도와주는 사람 없
이 혼자서 출산하기도 하고, 포탄이 날아다니는 최전선에서 "여기
서 죽자"며 달려드는 자포자기한 병사를, 여기서 내가 죽는 것은 당
치도 않다며 뿌리쳤던 일도 있다고 해요.

패전 후에는 일본에 가서 결혼하자는 일본인 장교를 따라 나섰다
가 버림받은 경험도 있어요. 전범戰犯 혐의를 피하기 위해 위장결혼
을 했던 셈이죠. 이국땅에서 기댈 곳 없이 실의에 빠져 있는데, 나이
가 비슷한 한국인 남자가 보살펴 주어 함께 살게 되었다고 하네요.

"나는 앞으로 몇 년을 더 살지 몰라요. 그래도 일본에 사는 조선
아이들과 일본 아이들이 사이좋게 살려면, 과거의 잘못은 분명하게
반성하고 사죄해야죠."

그러나 2003년 3월 28일 최고재판소 판결은 송신도 씨의 바람을
무참히 꺾어 버리고 말았죠! 송신도 씨는 3·11 동일본 대지진으로
쓰나미가 덮친 간토지방에 지금도 살고 있다고 하네요.

요즘 정말 우려스러운 건 책임져야 할 사람들이 "강제 연행은 없
었다." "당시에 필요했다." "조선인 민간 업자가 한 일이다" 이런 망언
을 하고 있다는 것이죠.

유엔 고문금지위원회는 "일본 정치가나 지방 고위 관리가 사실을 부정하고 피해자에게 상처를 주고 있다"고 경고했네요. 그리고 오늘 신문을 보니 반기문 유엔 사무총장이 《아사히신문》과 요코하마 시내에서 가진 회견에서 이렇게 말했다고 해요.

"일본 지도자들은 전쟁 때 고통당한 사람들을 특별히 섬세하게 배려해야 할 것이다. 그리고 사려 깊은 지원을 아끼지 말아야 할 것이다."

이 편지를 쓰고 있자니, 오랜만에 유미한테서 편지가 왔네요. 드디어 유미는 고가와 결혼했어요. 고가는 역사학자가 되었고, 유미는 지역 출판사에서 일하고 있어요. 최근에는 집으로 지역 주민들을 초대해 한 달에 한 번 세미나를 열기도 한대요.

중국 구이린에 사는 어머니와 아들

• 유미의 편지

아키야, 바쁠 텐데 이런저런 자료 보내 줘서 고마워.

그리고 아기 탄생 축하해. 사진 봤어. 너무 귀엽더라. 아이는 이름 그대로 한일 간의 가교 역할을 하는 사람으로 성장하길 바라. 생각할수록 감개무량하구나.

그런데 동일본 대지진 모금을 제의한 길원옥 할머니 말이야. 이 분에 대해 알고 싶어서 조사해 봤어. 이분은 글쎄, 열세 살에 돈을 벌게 해주겠다는 감언에 속아 '위안소'로 끌려갔대. 고향은 평양인데, 일본의 패전으로 귀국했을 때는 남과 북으로 분단되어 귀향하지 못하고 그대로 홀로 살아오셨대. 서른 즈음에 아이를 입양하셨대. 일본의 식민지 지배만 없었다면 분단도 되지 않았을 텐데 말이야.

커밍아웃은 조금 늦은 1998년. 텔레비전에서 방영하는 수요시위 장면을 보시고는 결심하셨대. 가족들과 의논한 뒤 신고하고 그 뒤로는 수요시위에 빠지지 않고 참석하신대.

"밑을 씻을 틈도 없는데, 몸을 씻을 시간이 있었겠어요? 물도 없는 사막 같은 곳에 갇혀서는. 가끔 물을 가지고 오면 그걸로 씻었어요. 병에 걸리지 않을 수가 없지. 성병에 걸렸어요. 아이고, 생각만 해도 끔찍해."

얼마 전에 우리 집에서 세미나를 시작했어. 한 달에 한 사람씩 돌아가며 발표를 준비해 오기로 했는데, 6월은 내 차례야. 2010년 연말에 일본에 오셔서 증언한 중국인 우이샤오란韋紹蘭이라는 분과 그 아들 뤄샨쉐羅善學 씨 모자에 관해 발표했어.

사시는 곳은 구이린桂林에서 배를 타고 양숴陽朔로 네 시간, 거기서 다시 차로 갈아타고 60킬로미터 더 들어 간 곳에 있는 리포荔浦현에 위치한 마을이래. 그처럼 외진 곳까지 일본군이 들어가 있었

다니. 1944년 4월에 시작된 2,400킬로미터에 걸친 '대륙 타통작전'

大陸打通作戰에서 구이린 주변 미군 항공기지를 점령하고 중국군을

소탕하는 작전이었다고 해.

　작은 체격에 내성적인 우이샤오란 씨지만, 사회자의 질문에는 큰

목소리로 또박또박 답하셨어.

　둘째 딸아이를 업고 동굴에 숨어 있었는데, 갑자기 일본군이 들어

닥쳐서는 총으로 포대기를 풀어 헤쳐 아기를 땅에 떨어트리고는 끌고

갔어요. 다른 여성 예닐곱 명과 함께 일본군 부대로 끌려갔죠. 흰 장갑

을 낀 사람에게 발가벗겨서 온몸을 검사당하고 그날 밤 그자에게 강

간당했어요. 그러고는 방에 감금된 채 날마다 병사들을 상대해야 했

어요. 석 달 정도 지나 심야에 방 안쪽에 있는 아이를 들쳐 업고 도망

쳐 겨우 집으로 돌아올 수 있었어요. 창피스러워 남편에게 말도 못하

고 큰소리로 울기만 했죠. 남편은 죽은 줄 알았다며, 살아 돌아와 주어

고맙다고 말해 주었어요. 그런데 딸아이가 병에 걸려 죽고, 위안소에

서 생긴 아이를 낳자마자 마을 사람들이 왜놈의 자식이라며 수군거리

기 시작했죠. 남편도 나를 '창녀'라며 욕을 퍼부었어요.

　사회자가 '위안소' 생활에 관해 질문하자, 어머니와 함께 단상에

섰던 아들이 바닥을 치고 몸을 뒤틀며 큰 소리로 통곡하기 시작했

어. 그때 '위안소'에서 임신한 아이가 바로 이 아들이라니, 얼마나 깊은 상처를 받았을지 그 마음이 전해지는 광경이었어.

아들은 곧 마음을 가다듬고 이야기를 시작했어.

동네 아이들과 함께 놀면 항상 나를 향해 "일본 놈, 일본 놈!" 하고 놀렸어요. 무슨 말인지 잘 몰랐는데, 집에 와서 어머니에게 묻자 그냥 우시기만 하셨어요. 아버지는 나만 냉랭하게 대했고, 먹을 것도 동생들하고 차별해서 주셨죠. 형제 가운데 저만 초등학교 중퇴였어요. 그리고 자주 때리셨죠. 어머니가 일본군에게 끌려가신 적이 있다는 얘기를 큰아버지께 들었어요. 아버지나 어머니를 원망하진 않아요. 뭐라고 해도 저를 키워 주신 분들이니까요. 일본 정부한테 아무 것도 바라는 거 없어요. 다만, 어머니께 사죄하길 바랄 뿐이에요. 그리고 모두가 바라는 것은, 그런 잔인한 인간이 되지 않도록 아이들을 잘 교육해 주면 좋겠어요.

우이샤오란 씨를 범한 일본인은 여러 명. 수십 년 세월 멸시받고 결혼도 하지 않은 그녀의 아들. 그리고 그런 아들을 지켜봐야 하는 어머니. 이들의 고통은 끝나지 않고 지금도 계속되고 있다는 생각이 들어.

"수많은 일본군이 어머니를 능욕했으니, 누가 진짜 내 아버지인지 알 수 없어요. 우리 집 사정을 알고 있는 분들이 어서 돌아가시길 바랄 뿐이에요." 그렇게 말하면서 아들은 얼굴을 감싸고 다시 소리 내어 울었어.

극동국제군사재판소 판결문 가운데 "구이린을 점령하는 동안 일본군은 강간과 약탈을 비롯한 온갖 잔학 행위를 저질렀다. (……) 일본군 부대를 위해 취업을 강제했다"라는 기술이 나와. 모자의 집을 방문한 조사단은 '위안소'가 있던 자리와 건물을 확인했으며, 강간했다는 증언과 저항하는 여성을 살해했다는 증언 등도 확보했다고 해. 1948년에 마을 사람들이 그런 사례 일부를 비석에 새겨 놓았다는 구나.

우이샤오란 씨 모자가 일본에 왔을 때 함께 찍은 사진을 부칠게.

아기 잘 돌보고, 건강 조심해.

— 유미가

평화의 소녀상

• 미네 아사코

가와세 마키코 씨께

오늘은 기분 좋은 일이 있어 펜을 들었습니다. 공립 중학교에 근무할 때 가르친 학생한테서 온 편지를 받았어요. 그 학생이 친구들과 함께 '여성들의 전쟁와 평화 자료관'Wam을 방문했다고 합니다.

'군대는 여성을 보호하지 않는다-오키나와의 일본군 위안소와 미군의 성폭력'이라는 특별전이 끝나고 시작된 '타이완 위안부의 증언-일본인이 된 여성들'을 돌아보았다고 해요. 타이완에서는 중화민족의 딸들이 '간호부'로 하이난다오나 동남아시아로, 원주민의 딸들은 '청소부, 세탁부'로 연행되어 밤에는 성노예가 되었다는 이야기. 일본군의 감언에 속아 동남아시아를 전전하며 성노예로 착취당했다는 이야기를 처음 들었던 학생들은 많이 놀란 모양이에요. 그래도 교실 안에서 시도한 작은 실천들이 훗날 이렇듯 결실을 맺는다고 생각하니 기쁜 마음이 들었어요.

'나비기금'이라는 것도 처음 알았어요. 2012년 3월 8일 '세계 여성의 날'에 김복동, 길원옥 씨가 일본 정부에 공식 사죄를 요구하는 동시에, 앞으로 일본 정부로부터 배상금을 받게 되면 전액을 콩코 내전에서 성폭력 피해를 입은 여성들의 지원활동에 기부할 것이라고 공식 발표했다고 해요.

　콩고민주공화국에서 자신도 성폭력을 당했으면서, 피해 여성을 돕는 일에 힘쓰고 있는 레베카 마시카 카추바 씨의 활동에 감명을 받았다고 해요. 그리고 독일을 방문했을 때 재독 콩고 대사로부터, 할머니들의 운동이 콩고 여성들의 희망이 되고 있다는 말이 계기가 되기도 했고요. 어쨌든 대단한 분들이세요.

　이 발표를 듣고 정대협이 '나비기금'을 설치하고 배상이 실현될 때까지 시민들한테 기부금을 모금하기로 했답니다. 김복동 씨는 이미 기부금을 내셨다고 하네요. 할머니들의 뜻을 나비처럼 훨훨 날아 전달하라는 의미에서 '나비기금'이라고 했다는군요.

　참, 아키코가 그러는데, 주한 일본대사관 앞에 정대협이 '평화의 소녀상'을 세웠다고 해요(2011월 12월 14일). 소녀상 앞에서 할머니들과 함께 찍은 사진을 보낼게요.

　소녀는 나무 의자에 앉아 있고, 옆 자리는 빈자리로 남겨 두었어요. 누군가 곁에 앉아 달라고 말하는 듯해요. 의자 옆 바닥 돌에는 다음과 같은 글귀가 한국어와 영어, 일본어 3개국어로 새겨져 있습니다.

　"1992년 1월 8일부터 이곳 일본대사관 앞에서 열린 일본군 위안부 문제 해결을 위한 수요시위가 2011년 12월 14일 천 번째를 맞이함에 그 숭고한 정신과 역사를 잇고자 이 평화비를 세우다."

건립할 때 가와세 씨가 쓰신 시를 아키코에게도 보내려고 해요.
이 시는 수업에도 쓰고 있답니다.

'위안부'가 아니라 성노예였다

힘들게 살아남아 해방 후에도 고통의 삶을 살았다
예전의 소녀들은 지금 나이 든 할머니들은
지난날 자신의 젊은 모습에
손을 뻗어 소녀의 머리카락에 내린 눈을
살짝 쓸어내린다

한국 서울 일본대사관 앞
아무런 말없이 계속 앉아 있는 소녀
20만도 넘는다고 하는 피해자들의
비분을 부드러운 가슴에 품고
계속 앉아 있는 소녀

— 가와세 마키코, 시 〈소녀〉 부분

세운 지 1년 후, 소녀는 어여쁜 털모자를 쓰고 있네요. 행여 뜨거
운 날씨에 덥기라도 할까, 행여 춥기라도 할까 털모자를 씌워 주신

할머니들의 따뜻한 마음이겠지요. 아키코는 2012년 5월 5일에 개관한 '전쟁과여성인권박물관' 소식도 알려 주었어요. 기회가 되면 꼭 한 번 가보고 싶어요. 평생을 고통 속에 살아오신 피해자들의 삶을 생각하고 할머니들의 용기 있는 외침에 조용히 귀 기울여 보고 싶어요. 두 번 다시 전쟁을 일으키는 나라로는 만들지 않겠다고 다짐해 보는 요즘입니다.

　일본군 '위안부' 문제는 피해를 당한 여성들만의 문제가 아닙니다. 우리 일본인의 문제이기도 하지요.

　한반도, 중국, 네덜란드, 필리핀, 타이완의 일본군 '위안부' 피해 여성들 모두 연세가 많습니다. 그리고 시로타 스즈코 씨도 지난 2013년 3월에 돌아가셨지요.

　하루라도 빨리 한 분 한 분께 사죄하고 보상하여, 지금부터라도 마음 편하게 지내실 수 있도록 해야 합니다. 일본 정부는 오랜 세월 방치해 온 것에 대해 진심으로 속죄해야 할 것입니다. 또한 두 번 다시 이런 일이 일어나지 않도록 수도 도쿄 한 가운데 추도비를 건립해야 한다고 생각합니다. 그 옆에는 '대일본제국'에 박해받은 아시아·태평양 지역 희생자들의 추도비도 함께 세워야 합니다.

　이렇게 해야 비로소 피해 여성들의 한을 풀 수 있을 것이며, 오랜 세월 짓밟혀 온 과거 '위안부' 여성들의 인권이, 인간으로서의 존엄이 회복될 것이라고 생각합니다. 그때서야 비로소 수십 년 동안 일

그러진 삶을 살아 온 수많은 일본인 남성(그리고 그것을 눈감아 온 일본인 여성)의 인권도 회복될 것입니다.

이 책은 다소 무거운 주제를 다루고 있습니다. 그래서 조금이라도 친밀감을 느낄 수 있도록, 여성 인물들 간의 르포와 편지 형식으로 구성해 보았다.

이 책이 나오기까지 한국의 피해 여성들과 윤정옥 교수, 야마시타 영애 교수, '성과 천황제를 생각한다' 세미나팀 여러분들, 그리고 이 책을 집필하도록 권유해 주시고 격려해 주신 이와나미서점 모리미쓰 미노루 씨께 감사의 마음을 전한다.

1993년 4월

이시카와 이쓰코

 최근 아베安倍晉三 총리를 비롯한 극우 성향의 정치인들의 망언이 잇따르고 있는 가운데, 역사 인식을 둘러싼 동아시아 국가 간의 갈등 또한 한층 증폭되는 양상으로 치달아 가고 있다. 이러한 일본의 우경화된 역사 인식의 근간에는 '침략 전쟁에 패배한 국가'라는 역사적 사실을 부정(은폐)하고 '강한 일본,' '자랑스러운 일본'을 만들어 내려는 정부와 우익 세력의 '불순한 욕망'이 자리한다.

 그들은 '기미가요'와 '히노마루'를 국가와 국기로 제정하고, 일본군 '위안부' 관련 기술을 역사교과서에서 삭제했다. 나아가 전범戰犯을 기리는 야스쿠니 신사 참배를 비롯하여 집단적 자위권 행사를 가능케 하여 다시 '전쟁을 할 수 있는 나라'로 탈바꿈시켰다. 이른바 '자유주의 사관'은 이처럼 과거의 역사를 은폐하고 새로 쓰거나 삭제함으로써 성립될 수 있었을 것이다. 최근에는 급기야 일본군 '위안부' 문제에 대해 사죄와 반성을 표명한 고노 담화(1993)를 재검증하겠다고 나섰다.

이 책은 이런 우익 세력의 주장에 선을 긋고, 오랜 세월 방치해 온 일본군 '위안부' 피해자 한 분 한 분에게 진심으로 속죄하고, 침략 전쟁에 대한 가해 책임을 분명히 할 것을 일본 정부에 촉구하고 있다. 지은이 이시카와 이쓰코石川逸子는 1991년 8월, 일본군 '위안부' 피해자라는 사실을 처음으로 밝힌 김학순 할머니의 용기에 촉발되어 이 책을 집필하게 되었다고 한다. 오랫동안 중학교 사회 교사로 학생들을 가르치고, 시인으로서 일본 국가의 치부를 고발해 온 시인의 양심을 가만두지 않았을 터이다.

이 책에 앞서 1993년에 《'종군 위안부'가 된 소녀들》従軍慰安婦にされた少女たち, 岩波ジュニア新書(1993)이라는 제목으로 출판되어 일본의 청소년들에게 역사의 진실을 알리고 공감을 불러일으킨 바 있다. 이 책은 그로부터 20년이 흘러 제목과 내용을 수정·보완하여 나온 개정판이다. 제목은 '종군 위안부'의 '종군'은 피해자들이 자발적으로 군에 따라간 것처럼 보일 우려가 있기 때문에 일본군 '위안부'로 바

241

꿔 표현했고, 이후 20여 년 간의 변화된 상황들과 피해 여성들의 증언을 추가적으로 보완했다고 한다. 일본군 '위안부' 문제에 대한 지은이의 남다른 관심과 열정을 엿볼 수 있는 대목이다.

지은이는 이 책에서 일본군 '위안부' 피해자 여성들과 동시대를 살아간 세대이자 가해국 일본인이면서, 같은 여성이라는 지은이 자신의 단일하지 않은 존재를 끊임없이 환기시킨다. 나아가 전쟁을 체험한 세대와 체험하지 않은 세대, 특히 청소년들과 함께 일본 제국의 식민지 지배와 침략 전쟁에 대한 가해 책임을 어떻게 질 것인지, 바로 '지금' 이 시대 안에서 치열하게 고민하고 성찰해 간다. 이 같은 문제 인식은, 아키코, 유미, 미네코, 문자(후미코), 미에 등 전쟁을 체험하지 않은 세대(가상 인물)와 가와세 마키코, 시로타 스즈코를 비롯한 전쟁을 체험한 세대(실존 인물)가 나이와 세대의 벽을 넘어 함께 공감하고 사유해 가는 과정을 통해 생생하게 드러난다.

무엇보다 눈여겨 볼 점은 남북한은 물론 오키나와, 필리핀, 인도네시아, 타이완, 네덜란드에 이르기까지 과거 일본군 '위안부'들의 생생한 증언이 책 속에 대량으로 포진되어 있다는 점이다. 모두 이시카와 이쓰코(책 안에서는 가와세 마키코)가 직접 인터뷰하거나, 공청회와 강연회장을 쫓아다니며 피해 여성들의 '육성'을 청취한 것들이다. 그 정신과 노력, 시간은 남다른 의미를 띤다 하겠다. 일본의 여고생 아키와 유미의 편지로 조금은 특별하게 시작된 역사 이야기는 일본의 침략 전쟁을 중심으로 동아시아 근대사의 맥락을 따라간다. '위안부'들의 처참한 실태는 물론, 전쟁에 나간 일본군 병사의 편지글과 시가 어우러져 전쟁과 인권, 여성 문제의 본질에 접근해 간다.

한편으로는 일본군 '위안부'에 관해 또 다른 시각을 가진 독자나 일본인의 입장에서는 불편한 내용일 수 있겠다. 실제로 이 책을 판매하는 일본의 인터넷 서점 사이트를 둘러보면, 독자들의 불만 섞인 목소리를 쉽게 찾아 볼 수 있다. 어쩌면 20년이 지난 오늘날 다시 개정판을 출간한 이유를 더 선명하게 해 주는 듯해서 옮겨 본다.

"종군위안부의 실존 자체가 현 시점에서는 분명히 부정해야 할 일이며, 사실은 조선인 여성 업주에게 팔려 간 여성들이었기 때문이다. 왜 20년이나 전의 저작에 가필하여 개정판을 발행하는지 이유를 묻지 않을 수 없다. 전쟁의 비참함을 아이들에게 올바르게 전달하려는 것이면 후지와라 테이의《흘러가는 별은 살아 있다》로 충분할 것이다."

"일본군에게 강제 연행된 소녀들은 없었다는 것이 이미 확인되었습니다. 이 책을 구입하는 분들, 이것이 일교조日敎祖와 일본을 훼손하려는 좌익의 수법입니다. 아이들에게 읽히기 전에 한 번 꼭 읽어 보세요. 유소년기 책은 세뇌되기 쉬우니 주의하세요."

직접 뛰어 다니며 20여 년 한결같이 일본군 '위안부' 문제를 성찰하고 사회적 관심을 환기시켜 온 지은이의 열정과 노력에 경의를 표한다. 나아가 지금 이 시대를 살아가는 한국과 일본의 젊은 세대가

일본군 '위안부' 피해자들이 호소하는 진실에 어떻게 귀 기울이고
연대할 것인지 함께 고민하는 계기가 되었으면 한다.

끝으로 이 책의 번역을 믿고 맡겨 준 삼천리와 번역을 쾌락해 준
이시카와 이쓰코 시인에게 감사의 마음을 전한다.

2014년 8월

손지연

· 참고문헌

金文淑(1992), 《朝鮮人軍隊慰安婦》(明石書店)

張貞任·金知榮 訳(1992), 《あなた朝鮮の十字架よ》(影書房)

東南海地震犠牲者追悼實行委員会 編(1988), 《悲しみを繰り返さぬようここに真実を刻む》

菊池敬一·大牟羅良編(1964), 《あの人は帰ってこなかった》(岩波新書)

山代巴(1980~1986), 《囚われの女たち》(径書房)

尹貞玉 他編(1992), 《朝鮮人女性がみた慰安婦問題》(三一書房)

竹内智恵子(1989), 《昭和遊女考》(未来社)

竹内智恵子(1990), 《鬼追い 一続昭和遊女考》(未来社)

山田昭次·高崎宗司·郭章淵·趙景達(1991), 《近現代史のなかの日本と朝鮮》(東京書籍)

朴殷植·姜德相 訳註(1972), 《朝鮮獨立運動史の血史》(平凡社)

金英姬, 《中国の朝鮮人元從軍慰安婦足跡たどり10日間の旅》(《統一日報》1992.8.8.)

金英姬, 《元慰安婦の'生'と'性'を取り戻すために》(《世界》1993年 2月号)

從軍慰安婦問題ウリヨソンネットワーク(1992), 《この'恨'を解くために》

長沼節夫, 《〈元從軍慰安婦〉に聞く〉》(《軍縮問題資料》1992年 9月号)

高木健一(1992), 《從軍慰安婦と戰後補償》(三一書房)

金一勉(1976), 《天皇の軍隊と朝鮮人慰安婦》(三一書房)

金一勉(1980), 《日本女性哀史》(現代史出版会)

鈴木裕子(1992), 《從軍慰安婦·内鮮結婚》(未来社)

家永三郎 編(1996), 《日本の歴史》(ほるぷ出版部)

城田すず子(1985), 《マリヤの賛歌》(かにた出版部)

從軍慰安婦110番編集委員会 編(1992), 《從軍慰安婦110番》(明石書店)

山下菊二 他(1979),《くずれる沼一画家山下菊二の世界》(すばる書房)

陣千武·保坂登志子 訳(2000),《猟女犯 —元台湾特別志願兵の追憶》(洛西書院)

田中伸尚(1984~1992),《ドキュメント昭和天皇》(緑風出版)

《報告集 南京アトロシティーズ》(南京大虐殺実体調査記録訪中団)

石井清太郎(1991),《いのちの戦記》(イデア株式会社)

鈴木裕子(1991),《朝鮮人従軍慰安婦》(岩波ブックレット)

早尾乕雄(1939),〈戦場ニ於ケル特殊現象トソノ対策〉(防衛庁資料室)

永井荷風(1987),《断腸亭日乗》(岩波新書)

村上信彦(1978),《日本の婦人問題》(岩波新書)

石光真人 編(1971),《ある明治人の記録》(中央新書)

高群逸枝(1972),《女性の歴史》(講談社文庫)

紀田順一郎(1990),《東京の下層社會》(新潮社)

花崎皋平(1988),《静かな大地》(岩波書店)

黄昭堂(1981),《台湾総督府》(教育社)

朴燦鎬(1987),《韓国歌謡史》(晶文社)

川田文子(1987),《赤瓦の家》(筑摩書房)

宮本正男 編(1979),《長谷川テル作品集》(亜紀書房)

神奈川県高等学校教職員組合民族差別と人権問題小委員会 編(1986),《わたしたちと朝鮮 ―
高校生のための日朝関係史入門》(公人社)

姜在彦(1986),《朝鮮近代史》(平凡社)

岡百合子(1990),《朝鮮·韓国》(岩崎書店)

F·A·マケンンジー·渡辺学訳(1972),《朝鮮の悲劇》(平凡社)

関東大震災時に虐殺された朝鮮人の遺骨を発掘し追悼する会 編(1974),《かくされていた歴史》

ヴァイツゼッカー・永井清彦 訳(1986)、《荒れ野の40年》(岩波ブックレット)

田辺利宏(1968)、《夜の春雷》(未来社)

旧制静岡高等学校戦没者慰霊事業実行委員会(1966)、《地のささ゛めこ゛と》

千田夏光(1984)、《従軍慰安婦》(講談社文庫)

西野留美子(1993)、《七三一部隊と従軍慰安婦》(全国婦人新聞)

高崎陸治(1990)、《十五年戦争重要文献シリーズ第1集　軍医官の戦争報告意見集》(不二出版)

島田俊彦(1965)、《関東軍》(中公新書)

森正孝 編著(1995)、《中国の大地は忘れない》(社会評論社)

尹美香・梁登子 訳(2011)、《20年間の水曜日》(東方出版)

在日の慰安婦裁判を支える会 編(2007)、《オレの心は負けてない》(樹花舎)

坪川宏子・大森典子(2011)、《司法が認定した日本軍〈慰安婦〉》(かもがわブックレット)

吉見義明川田文子 編著(1997)、《〈従軍慰安婦〉をめぐる30年のウソと真実》(大月書店)

韓国挺身隊問題対策協議会・挺身隊研究会 編・従軍慰安婦問題ウリヨソンネットワーク 訳(1993)、
《証言 強制連行された朝鮮人慰安婦たち》(明石書店)

梶村太一郎・村岡崇光谷廣一郎(2008)、《〈慰安婦〉強制連行》(金曜日)

戦争と女性の人権博物館(WHR)日本建設委員会 編・発行〈戦争と女性の人権博物館ガイドブック〉

石川逸子 編集(2011)、〈ヒロシマ・ナガサキを考える〉100号 (影書房)

〈慰安婦問題の立法解決を求める会NEWS53号(2013.7.10)

〈中学生のための慰安婦展〉(アクティブ・ミュージアム〈女たちの戦争と平和資料館〉)

文玉珠森川万智子 編(1996)、《文玉珠　ビルマ前線楯師団の〈慰安婦〉だった私》(梨の木舎)

西野留美子・金富子 責任編集(2006)、《証言 未来への記憶》(明石書店)